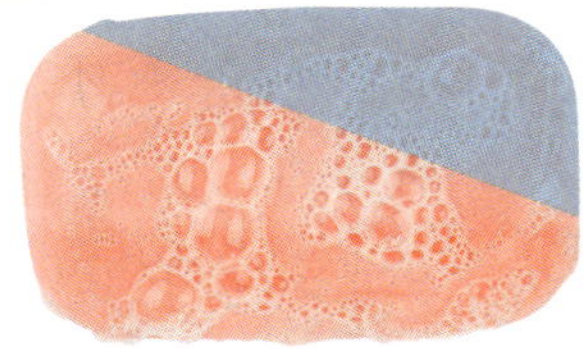

W0224376

Hausmannskost für Diabetiker

Marion Binder / Werner Wanschura

Hausmannskost für Diabetiker

Braten, Eintöpfe, Süßspeisen ...
Das Ende des Verzichts:
Deftig - Herzhaftes nach dem neuesten Stand der Ernährungswissenschaft

Verlag Orac

Wien · Frankfurt · Bern

FOTOS, FOTOARCHIV GUSTO:

„Das Foto“, Graz (115, 165 und das Foto auf dem Schutzumschlag; das Rezept dazu finden Sie auf Seite 134)
Photostudio Barci, Wien (98)
Studio Stefan Liewehr, Wien (97, 116, 166, 183, 184)

ISBN 3-7015-0208-0
Copyright © 1990 by Orac Buch- und Zeitschriftenverlag Ges.m.b.H., Wien
Alle Rechte vorbehalten
Schutzumschlag und grafische Gestaltung: Fritz Gnan
Lektorat: Sibylle Pühringer
Herstellung: Alfred Hoffmann
Satz und Film: Digitalsatz Robitschek, Wien
Lithos: Reproform, Wien
Druck und Bindearbeiten: Wiener Verlag, Himberg bei Wien

VORWORT

Das Wissen um Zusammenhänge zwischen bestimmten Ernährungsformen und einer Reihe von Erkrankungen ist heute großteils gut abgesichert und in zunehmendem Maße auch dem Nichtmediziner zugänglich. Letzteres ist sicher sehr zu begrüßen; viele Versuche, dieses Wissen dem Laien zugänglich zu machen, sind jedoch kaum in der Lage, tatsächlich die „Botschaft hinüberzubringen" und so dem einzelnen die Möglichkeit der Verhaltensänderung (aufgrund von Information) zu geben. Das heißt, eine Fülle von Information führt zwar zu einem erhöhten Problembewußtsein, die Konsequenzen bleiben jedoch vielfach aus.

Das vorliegende Buch will nicht eine neue „Diät" kreieren, sondern soll vor allem dem Diabetiker, aber auch Übergewichtigen und Fettstoffwechselkranken, praktikable Wege aufzeigen, wie man – ohne wesentlich von seinen liebgewordenen Gewohnheiten abgehen zu müssen – das Leben mit gutem **und gesundem** Essen meistern kann. Den Autoren ist aufgrund ihrer profunden Sachkenntnis und akribischer Beobachtung gelungen, durch äußerst treffende Formulierungen das Essen und seine zentrale Bedeutung im Leben bewußt zu machen und eine gesunde Lebensführung so darzustellen, daß eigentlich jeder – und jeder fühlt sich betroffen – sofort weiß, wo er konkret anfangen soll. Dem Buch ist zu wünschen, daß viele Leser mit Hirn und Herz gesunde Ernährung erleben.

Wien, im Juli 1990

Univ.-Prof. Dr. Kurt Widhalm, Kinderarzt
Vorsitzender der Akademie für Ernährungsmedizin
Vizepräsident der Österr. Gesellschaft für Ernährungsforschung

EINLEITUNG

„Die Tugend will nicht immer passen,
Im ganzen läßt sie etwas kalt,
Und daß man eine unterlassen,
Vergißt man bald.

Doch schmerzlich denkt manch alter Knaster,
Der von vergangnen Zeiten träumt,
An die Gelegenheit zum Laster,
Die er versäumt."

Wilhelm Busch

Mit Diabetikerkost zu leben war bisher häufig ein Trauerspiel: Verzicht, Einschränkung, Berechnung – die drei Säulen der herkömmlichen Diabetikerdiät. Doch: Sie können aufatmen! Wenn Sie Typ-II-Diabetiker sind und nicht gezwungen, Insulin zu spritzen (für Insulinpflichtige gelten eigene Ernährungsgesetze), können Sie ab jetzt beim Essen Ihrem Gusto (fast) freien Lauf lassen. Sie können (und sollen) wieder „essen, wie es die Großmutter gekocht hat" – nur ein bißchen anders ...

Hausmannskost ist wieder erlaubt auf dem Diabetikertisch, ja mehr als das: Sie wird von den Ärzten sogar empfohlen! Das Zeitalter des Verzichts für Diabetiker ist also endgültig vorbei – Sie können wieder schlemmen! Und wenn Sie in fünf Jahren zurückblicken, werden Sie feststellen, daß Sie, anders als im Wilhelm-Busch-Gedicht, nicht schmerzlich an versäumte, sondern freudig an erlebte Gelegenheiten für das, was man heute noch als „Laster" bezeichnet, denken können.

Die Richtlinien für gesunde Diabetiker-Ernährung sind revolutioniert worden. Sie waren es jahre- oder jahrzehntelang gewöhnt, Ihren Mittagstisch, Ihr Frühstück, das Abendessen und auch die „Zwischendurchs" penibel zu berechnen, damit Sie nur ja nicht zu viele Broteinheiten (BE) zu sich nehmen. Satt sind Sie damit (wenn Sie sich an die Vorschriften gehalten haben) selten geworden.

Daraus folgt: Sie haben sich, wie Hunderttausende oder Millionen Ihrer Leidensgenossen, eben nicht an die Vorschriften gehalten und hin und wieder mehr oder weniger „gesündigt". Oder aber Sie haben sich auf eine Weise sattgegessen, die Ihnen der Arzt zwar nicht ausdrücklich verboten hat, die aber zweifellos auch nicht gesund ist: mit sehr viel Fett und Eiweiß, sprich Fleisch, Wurst, Käse ...

Diabetikerdiät einzuhalten war bisher „eine Sache für eine geradezu übermenschliche Heiligkeit“, wie es der Münchner Diabetologe Univ.-Prof. Dr. Matthias Wicklmayr ausdrückt.

Nochmals Wilhelm Busch:

„Man ist ja von Natur kein Engel,
Vielmehr ein Welt- und Menschenkind.
Und ringsumher ist ein Gedrängel
Von solchen, die dasselbe sind ...“

Die bisherigen Diätvorschriften erforderten Engel – die heutigen, nach dem letzten Stand der Ernährungswissenschaften, sind der Natur von Welt- und Menschenkindern angepaßt.

Im allgemeinen Teil dieses Buches erfahren Sie vom Wissenschaftsjournalisten Werner Wanschura, warum das so ist und warum Sie den neuen Richtlinien vertrauen können. Sie müssen keine Angst haben, daß (wie schon so oft bisher) in fünf Jahren wieder alles ganz anders ist.

Von der Ernährungsberaterin Marion Binder bekommen Sie im Rezeptteil die erstmalige Umsetzung der neuen Erkenntnisse in die Praxis geliefert. „Hausmannskost für Diabetiker“ – das heißt: Essen im traditionellen Stil, so wie es in vielen Familien seit Generationen üblich war. Aber auch Tradition bedarf der Anpassung: die traditionelle Hausmannskost, leicht modifiziert für die Bedürfnisse von Diabetikern. Das bedeutet, daß Diabetiker ab jetzt in ihren Familien keine Sonderstellung mehr einnehmen müssen. Bisher gab es meist zwei Reaktionen auf die besonderen Ernährungsnöte des Diabetikers:

- Entweder die ganze Familie stellte sich um, oder
- alle blieben beim Gewohnten, und der Diabetiker geriet in die Rolle des Außenseiters, der seine eigene, spezielle Kost braucht.

Als dritte Möglichkeit gibt es Zwischenstufen aller Art, wie sie in der Regel den Alltag der meisten Diabetikerfamilien bestimmen.

Tatsache ist, daß die Einhaltung der Diabetikerkost in der Praxis oft nicht klappt. Eine Hauptursache dafür ist ihre Besonderheit. Wie schon gesagt: Ab jetzt wird das anders sein.

Wir, die beiden Autoren des Buches, haben uns bemüht, es Ihnen so leicht und anregend wie möglich zu machen. Anregend sind schon die Namen der Gerichte, die Sie im Hauptteil des Buches finden: Rinderrouladen, Schweins-

haxe, geschmorte Hühnerbrust ..., pikanter Bohneneintopf, Champignonrolle, Gemüserisotto ..., gefüllte Kartoffeln, Tomatenreis, Semmelkren ..., Eisbergsalat, Tomaten-Zucchini-Auflauf ..., Pflaumenkuchen, gestürzter Apfelkuchen, Mohnbuchteln ..., daneben Fischgerichte und diverse Konfitüren, Suppen, Vorspeisen ...
Wem läuft bei dieser Mischung verschiedener Kochstile, mit leichter Betonung auf der jahrhundertealten Tradition der österreichisch-süddeutschen Küche, nicht das Wasser im Mund zusammen?

„Das soll Diabetikerkost sein?" hören wir Sie ungläubig fragen. Ja! Lesen Sie und staunen Sie!

Das Nachkochen der Rezepte wird kein Problem für Sie darstellen. Sie sind nach einem neuen Stil verfaßt, in einer Mischung aus seriöser Ernährungswissenschaft und journalistischer Verständlichkeit. Sie müssen sich nicht mehr durch Bandwurmsätze kämpfen, um mühselig das Wesentliche zu destillieren, Ihnen werden nicht mehr beim Lesen der Zutatenliste die Augen verschwimmen, so daß Sie nicht sicher wissen, ob Sie alles auf dem Einkaufszettel notiert haben. Kochbücher müssen keine literarischen Werke sein, langwierige Epen gehören in den Bücherschrank und nicht in die Küche. Nicht zuviel und nicht zuwenig – das war unsere Devise; das Nötige aber übersichtlich und ohne Schnörkel.
Sehen Sie selbst, ob uns das gelungen ist.

Wichtig erschien uns aber ebenso, Ihnen die theoretischen Grundlagen der neuen Ernährungsempfehlungen nahezubringen.
Sie sind nämlich so einleuchtend, daß man sich verwundert fragt: „Und da sind die Damen und Herren Professoren erst jetzt draufgekommen, nachdem Millionen von Diabetikern (im deutschsprachigen Raum sind es rund sieben Millionen!) lange Jahre mit, wie sich jetzt zeigt, falschen und kaum erfüllbaren Forderungen geplagt worden sind?" Es ist so. Die medizinische Wissenschaft geht eben verschlungene Wege, und nicht immer im Interesse der Patienten.

ZUNÄCHST DAS MEDIZINISCHE ...

Was hat in der Diabetikerkost eine regelrechte Revolution ausgelöst? Um diese Frage zu beantworten, muß man etwas weiter ausholen.

Die „Revolution“ beschränkt sich nicht nur auf Diätempfehlungen. Sie umfaßt das grundsätzliche Verständnis des *Diabetes mellitus* als Krankheit.
Diabetes heute – das ist aus medizinischer Sicht eine andere Krankheit als noch vor wenigen Jahren. Man weiß jetzt, daß Diabetes nicht simpel als Insulinmangel oder als Störung in der Insulinwirkung zu beschreiben ist. Diabetes ist vielmehr eine Stoffwechselkrankheit, die eng in das Geflecht vieler Stoffwechselstörungen eingebunden ist:

- Fettstoffwechsel;
- Kohlenhydratstoffwechsel;
- Bluthochdruck;
- Insulinwirkung im Gewebe;
- zu hoher Insulinspiegel (das wird Sie überraschen, ist aber beim Typ-II-Diabetes ganz wesentlich);
- zu hohe Cholesterinwerte;
- zu hohe Blutfette;
- zu hohe Blutzuckerwerte ...

... all das greift ineinander. Die unterschiedlichen Entgleisungen können immer nur im „Konzert“ mit allen anderen verstanden werden. Früher wurde diese Tatsache einfach nicht berücksichtigt.
Bisher galt: Wenn man eine Störung feststellt, kann man sie isoliert behandeln. Bluthochdruck zum Beispiel wurde (und wird) häufig mit Medikamenten niedrig gehalten, aber ohne zu berücksichtigen, welche Ursachen und Folgen Hypertonie auf den Gesamtstoffwechsel hat, und meist auch ohne die Folgen der Medikamente auf den Stoffwechsel zu beachten.

Schlüsselrolle des Bluthochdrucks

In der Praxis bedeutet das: Diabetiker leiden häufig an Bluthochdruck – viel häufiger als Nichtdiabetiker. Bluthochdruck, verbunden mit Insulinresistenz (verminderte Insulinwirksamkeit im Gewebe), ist sogar sehr oft eine Art Vorstadium zum Diabetes, schon bei jungen Menschen. Bisher wurde Bluthochdruck mit zwei Medikamentenarten behandelt: Betablocker und Diuretika. Heute weiß man, daß gerade diese beiden Medikamentenarten auf den Fettstoff- und auf den Kohlenhydratstoffwechsel negativ wirken. Sie erhöhen die „schlechten" Cholesterine, vermindern im Gegenzug den Anteil jener Fettstoffe im Blut, die vor Arteriosklerose schützen können, und sind in der Lage, bei Menschen, die zu Diabetes neigen, ihn aber noch nicht haben, die Krankheit sogar regelrecht „hervorzulocken".

Seit wenigen Jahren hat man neue Medikamente zur Verfügung, die den Stoffwechsel nicht verschlechtern, sondern ihn teilweise sogar verbessern können: die Kalziumantagonisten und vor allem die ACE-Hemmer.
Diese Mittel werden von den Ärzten aber nur zögernd verschrieben. Meist behält man die alten, bekannten Mittel bei. Der Hauptgrund dafür ist nicht der für Mediziner häufig typische Hang zum Konservativen, sondern ein schlichtweg ökonomischer Gedanke: Die neuen Mittel kosten sechs- bis zehnmal mehr als die alten, und die Krankenkassen steigen den Ärzten auf die Füße, wenn sie zu viel zu teuer verschreiben.

Langfristig gesehen werden sich die neuen Mittel aber sicher durchsetzen, sie werden auch billiger werden. Vorläufig jedoch erhalten Patienten oft nicht die Optimaltherapie, weil die Kassen sparen ...

Andere Auswirkungen der zahlreichen Diabetes-Revolutionen der letzten Jahre betreffen das Leben der insulinabhängigen Diabetiker, für die wahrhaft eine Ära der Befreiung eingetreten ist: Sie können durch neue Injektionsstrategien die Therapie ihren Lebensbedürfnissen anpassen. Bisher war es umgekehrt – sie mußten sich und ihr Leben den Gesetzen des Insulins beugen. Doch das ist nicht Thema des vorliegenden Buches.

Selbstmordprogramm

Zurück zu der Frage: Was haben die neuen Erkenntnisse mit Diabetikerkost zu tun? Ganz kurz gesagt: Man hat entdeckt, daß, drastisch ausgedrückt, die bisherigen Empfehlungen nicht nur ein Irrtum, sondern fast schon eine Art Selbstmordprogramm waren:

- Fettreiches Essen belastet die Arterien.
- Eiweißreiches Essen belastet die Nieren.

An verengten Arterien und deren Folgen (Herzinfarkt, Gehirnschlag) stirbt derzeit jeder zweite Mensch in der zivilisierten Welt.

Für viele Diabetiker ist wiederum Nierenversagen die größte Gefahr. Bereits jeder vierte Patient in den Dialysestationen (wo dreimal wöchentlich das Blut künstlich und maschinell gereinigt wird) ist Diabetiker.

Fettreich und eiweißreich, das ist aber der Speiseplan vieler Zuckerkranker in der Praxis. Sie glauben, „brav" zu sein und die Anweisungen des Arztes zu befolgen („wenig Kohlenhydrate, rechnen Sie die Broteinheiten!").
Tatsächlich aber sind sie dabei, „den Fettüberschuß unserer reichen Industrieländer in ihren Arterien zwischenzulagern", wie es der Wiener Sozialmediziner Univ.-Prof. Dr. Michael Kunze ausdrückt.

Diabetes, so fanden die Wissenschaftler heraus, ist um vieles gefährlicher, als man bisher geglaubt hat. Das gilt nicht nur für den Typ-I-Diabetes, das gilt ebenso für den Typ-II-Diabetes, also für den „Altersdiabetes".

Sie als Diabetiker, der Sie jetzt diese Zeilen lesen, können trotzdem aufatmen. Zwar klingt das alles sehr bedrohlich, der Trost folgt aber auf dem Fuß: Mit den neuen Richtlinien ist die beste Voraussetzung gegeben, den typischen Schäden des Diabetes vorzubeugen.

Damit ist es auch nicht mehr notwendig, das zu tun, was so lange Zeit die Regel war: Den „Altersdiabetes" als harmlos hinzustellen, als „leichte" Erkrankung, die eben mit den Jahren kommt, aber „Haustiercharakter" hat.
Das stimmt sicher nicht.

Zusammenfassung

**Diabetes ist eine viel kompliziertere Krankheit, als man bisher geglaubt hat — das ganze „Konzert" vieler Stoffwechselbestandteile ist im Krankheitsfall gestört.
Das hat Konsequenzen für die Therapie, aber auch für die Diabetikerdiät. Und genau da hat es eine regelrechte Revolution gegeben: Waren bisher Kohlenhydrate quasi tabu und strikt begrenzt (acht bis zehn Broteinheiten pro Tag), empfiehlt man den Diabetikern jetzt: „Eßt Euch an Kohlenhydraten satt!"**

Wie das?
Die Beschränkung, was Kohlenhydrate anbelangt, hat Diabetiker gezwungen, auf fett- und eiweißreiche Nahrung auszuweichen – damit aber wird die Arterienverkalkung gefördert, und das ist möglicherweise ein größeres Übel als die Strapazierung der Bauchspeicheldrüse durch zu viele Kohlenhydrate. Herzinfarkt ist die häufigste Todesursache bei Diabetikern.

WAS IST NEU?

Es gibt ein Schaubild, das von Experten auf dem Gebiet des Diabetes gerne bei Kongressen gezeigt wird. Es besteht aus bunten Säulen, unterschiedlich hoch. Die Säulen – je vier in einer Gruppe zusammengefaßt – zeigen die ärztlichen Empfehlungen betreffend die Zusammensetzung der Nahrung von Diabetikern im Wandel der letzten 70 Jahre.
Das Bild ist beeindruckend.

„Wie hoch soll der Kohlenhydratanteil sein?“ lautet die erste Frage, und die Antwort reicht von 20 Prozent (Zeit vor der Entdeckung des Insulins 1921) bis zu 55–60 Prozent (heute, letzter Stand).

„Wie hoch soll der Fettanteil sein?“: 60 Prozent vor 80 Jahren, aber nur 25–30 Prozent heute.

„Wieviel Eiweiß soll in der Nahrung enthalten sein?“ ist schließlich die letzte Frage. Resultat: Vor 1921 empfahl man 20 Prozent, heute hält man bei zehn bis zwölf Prozent.

Die Werte haben sich also regelrecht umgekehrt, und zwar drastisch.

Bis vor zehn Jahren empfahl man eine Zusammensetzung aus 40 Prozent Kohlenhydraten, 40 Prozent Fett und 20 Prozent Eiweiß.
Heute sagt man: 55–60 Prozent Kohlenhydrate, 25–30 Prozent Fett, 10–12 Prozent Eiweiß.

Wer sich ein wenig mit der Physiologie des Diabetes befaßt, dem wird diese Entwicklung vielleicht „spanisch“ vorkommen.
Wieso auf einmal so viele Kohlenhydrate? Kohlenhydrate belasten doch die Bauchspeicheldrüse, die beim Altersdiabetiker ja ohnedies schon oft „nicht mehr ganz in Ordnung ist“. Das war ja – so könnte man einwenden – gerade der Sinn der Broteinheiten-Berechnung, nämlich den Anteil an Kohlenhydraten exakt festzustellen und gering zu halten ...!?

Ein Einwand, der seine Berechtigung hat, wenn man den Organismus wie eine Maschine sieht. Beruhigenderweise ist der Mensch aber keine Maschine – seine Psyche nicht (absurderweise wurde und wird das aber, gerade in der Medizin, oft angenommen, auch in der Diabetikerbehandlung) und sein Körper ebensowenig.

Vier neue Argumente

Vier Argumente erklären die neue „Küchenstrategie“ bei Diabetes:

1. Kohlenhydrate in der Nahrung verbrauchen Insulin, das ist richtig! Aber um Fett und Eiweiß zu verwerten bedarf es auch des Insulins! Nicht so viel wie bei Kohlenhydraten, aber immerhin: Je 100 kcal Energiegehalt werden zirka 0,5 Internationale Einheiten (IE) Insulin verbraucht.

2. Hoher Kohlenhydratanteil sättigt ebenfalls. Kartoffeln, Getreideprodukte, Gemüse, Obst ..., vor allem die schwer verdaulichen, „komplexen“ Kohlenhydrate in Verbindung mit Ballaststoffen füllen den Magen nachhaltiger als die sogenannten „einfachen“ Kohlenhydrate (Traubenzucker, Rohrzucker), auf jeden Fall aber fast so wie Fett und Eiweiß. Ein konkretes Beispiel: Fast jeder kennt den Heißhunger auf ein saftiges Steak oder ein zartes Schnitzel. Heißhunger auf Gemüse ist bisher kaum bekannt, und damit kann man sich auch nicht so leicht überessen.

3. In gewisser Weise gleicht die Wahl zwischen kohlenhydratreicher oder –armer Kost für den Diabetiker der (Gott sei Dank fiktiven!) Wahl zwischen Pest und Cholera. Beides hat unerwünschte Auswirkungen. Kohlenhydrate fordern die Bauchspeicheldrüse mehr als Fett und Eiweiß. Fett und Eiweiß belasten wiederum das Gefäßsystem und die Nieren. Da Diabetiker aber bis zu viermal häufiger als Nichtzuckerkranke einen Herzinfarkt erleiden und man das zu einem großen Teil auf die bisherigen Diätempfehlungen zurückführen kann, fällt die Wahl nicht allzu schwer: Dem *Pankreas* (anderer Name für Bauchspeicheldrüse) kann man nachhelfen, notfalls mit Medikamenten. Ein Herzinfarkt ist im Vergleich dazu aber wesentlich bedrohlicher.

4. Die Diabetikerdiät sollte nicht nur den Stoffwechsel schonen, sondern auch beim Abnehmen helfen. Immerhin sind etwa 80 Prozent aller Diabetiker vom Typ II (Altersdiabetes) nach medizinischen Maßstäben übergewichtig. Abnehmen aber ist mit kohlenhydratarmer, fettreicher Kost (bisherige Empfehlung) schwer bis unmöglich. Nur Asketen schaffen es, mit solch einer Kost wirksam und vor allem langfristig abzuspecken. Die Erfahrung der jüngsten Zeit hat bewiesen: Mit hohem Kohlenhydratanteil nimmt man auch leichter ab!

Zusammenfassung

Diabetikerernährung sollte heute – nach dem letzten Stand der Wissenschaft – aus rund 55–60 Prozent Kohlenhydraten, rund 30 Prozent Fett und etwas mehr als 10 Prozent Eiweiß bestehen. Damit wird man rascher satt und kann leichter abnehmen.

EIWEISS UND FETT SIND OUT

Nun ist das alles leicht gesagt, die Ausführung jedoch kann ziemlich zu schaffen machen. Schon die Einhaltung der bisherigen „Vorschriften" war beinahe unmöglich.

Ein drittes Mal sei Wilhelm Busch zitiert:

„Ach der Tugend schöne Werke,
Gerne möcht' ich sie erwischen,
Doch ich merke, doch ich merke,
Immer kommt mir was dazwischen."

Auf warme Brötchen – in Österreich nennt man sie Semmeln – am Sonntagmorgen zu verzichten, auf die herzhafte Schnitte Brot, auf die beliebten Kartoffeln, vor allem aber auf die Süßspeisen, auf Torten, Kuchen usw., das ist den meisten Diabetikern bisher schon schwergefallen.

14 BE und mehr ...!

Jetzt auf einmal dürfen sie all das – mit Einschränkungen natürlich: Statt wie bisher zehn Broteinheiten (BE) sind künftig 14–18 erlaubt, und nur die „nackte Süße" von Torten und dergleichen bleibt weiterhin eine Sache für Ausnahmefälle.
Wird es deshalb leichter?

Wahrscheinlich nicht unbedingt. Denn was man jetzt einsparen muß, ist ziemlich exakt das, was den in Europa üblichen Speisen für die überwiegende Mehrheit der Menschen Wert gibt: Fett in vielerlei Form, als Bratensaft, Salatdressing, Obstcreme, als „verbindendes Element". Fett gilt als Genußträger, ohne Fett „rutschen" die Speisen nicht so leicht, wirken eventuell sogar trocken und langweilig.

Und Eiweiß? Je nach Land und Region sind die wichtigsten Eiweißquellen Fleisch, Käse oder Fisch. Fisch ist das einzige, was die Ernährungswissenschaftler gelten lassen: Von magerem Fisch können Sie essen, soviel Sie wollen, kein Diabetologe wird Ihnen daraus einen Vorwurf machen. Aber Fleisch und Käse? Da sieht es schon ganz anders aus!

Vor allem bei Fett kürzen!

Hält man sich streng an die Empfehlungen, muß man künftig bei beiden Energieträgern drastisch kürzen: Sowohl Fleisch als auch Käse sind (von Ausnahmen abgesehen) reich an Fett und tierischem Eiweiß.
50-80 Gramm Fett täglich erlaubt die Ernährungswissenschaft nach dem letzten Stand der Dinge, eventuell noch bis zu 20 Gramm dazu, dann ist Schluß!

Das entspricht höchstens:

- einem Viertelliter Vollmilch; plus
- sieben Dekagramm Magerkäse (das ist Käse mit weniger als 30 Prozent Fettgehalt, ausgedrückt in Prozent F. i. T., das heißt: Fett in der Trockenmasse); plus
- fünf Dekagramm (fünf!) Fleisch; plus
- das offene Fett, das in Butter, Margarine, Schmalz oder Öl enthalten ist. Insgesamt sollte man 25 Gramm Koch- und ebensoviel Streichfett nicht überschreiten, das sind ein bis zwei Eßlöffel Pflanzenöl und ein bis zwei gestrichene Eßlöffel Margarine.

Fassen wir zusammen:
Ein Viertelliter Milch, ein kleines Stück Magerkäse, ein fünf Dekagramm schweres Stück Fleisch (wo doch manche Steaks pro Stück 15–20 Dekagramm oder mehr wiegen! Bei fünf Dekagramm kann man wohl nur mehr von einem „Medaillon" sprechen!) und ganz wenig Streich- und Kochfett. Das ist die Tagesration Fett, wie sie als gerade noch zulässig gilt, will man die Gefahr, an Arteriosklerose zu erkranken, nicht fahrlässig erhöhen.

Fleisch wird wieder zum „Sonntagsbraten"

Das ist nicht gerade viel. Es läuft im wesentlichen darauf hinaus, Wurst, Milch und Käse stark zu reduzieren, Fleisch noch stärker.
„Zweimal pro Woche Fleisch!" fordert Marion Binder (siehe Seite 121). „Fleisch soll wieder den Charakter des Sonntagsbratens bekommen."

Geht man so vor, kann man sich auch größere Fleischstücke als die erwähnten Medaillons leisten – aber eben nicht jeden Tag. Mit der typischen Hausmannskost läßt sich das durchaus vereinbaren. Speziell im süddeutschen Raum hat die Mehlspeisküche Tradition. Nicht zuletzt deshalb haben wir im Rezeptteil großen Wert auf wohlschmeckende fleischlose Hauptgerichte gelegt.

Wenn Sie glauben, jetzt verzweifeln zu müssen, weil man doch ohne Fleisch „vom Fleisch fällt", wie es im Volksmund heißt, können wir Sie beruhigen. Die Stars der deutschen Fußballnationalmannschaft – und auch die anderer Teams – fallen doch sicher nicht „vom Fleisch"!

Weltmeister leben von Kohlenhydraten

Die Kicker werden nach den neuesten Erkenntnissen der Ernährungsphysiologie „gefüttert“ - schließlich brauchen sie optimale Energiezufuhr und Ausdauer. Es stimmt, 1974 wurden die Deutschen Fußballweltmeister, und damals bekamen sie hauptsächlich Steaks auf ihre Teller, getreu dem alten Glauben: „Fleisch gibt Kraft“. Aber die Zeit geht weiter und mit ihr der Erkenntnisstand der Wissenschaft.

Wie sah nun ein typisches Menü der Deutschen bei der WM 1990 in Italien aus?

- Salatbuffet mit Blattsalaten, frischen Champignons, Tomaten, Karotten, Sellerie. Sahnedickmilch (kalorienärmer als Sahne, Obers oder Mayonnaise) diente als Basis für die Dressings.
- Vorspeise: Tortellini, mit Käse gefüllt.
- Hauptgang: Hummerkrabben „Provence“, eine Gemüsepastete „Spinat-Timbale“, Schwarzwurzeln, Gemüserisotto.
- Dessert: Pflaumenküchlein mit Walnußeis, warme Zimtpflaumen, ein Korb mit frischen Früchten.

Eiweiß im Abseits

Vergebens suchen wir die kraftspendenden Muskeln von Rind, Schwein und Reh. Keine dicke Bratensauce, keine Suppe mit Fettaugen, keine Fleischklöße ... Nouvelle Cuisine im Kickeralltag? Mitnichten! „Eiweiß im Abseits" benannte die Zeitschrift *Bild der Wissenschaft* (Heft 6/1990) einen Artikel über die Revolution in der Sporternährung.

Was den Athleten recht ist, soll uns nur billig sein, umso mehr als eine ganze Reihe hieb- und stichfester wissenschaftlicher Arbeiten hinter dem neuen Stil in der Ernährung steht.
Zum Beispiel fand man heraus, daß Menschen, die gern und viel Fett und Eiweiß essen, weniger Ausdauer haben als solche, die sich kohlenhydratreich ernähren. Allein durch Kostumstellung konnte man die Leistungsdauer auf das Drei- bis Vierfache steigern! – immerhin wurden die Deutschen auch 1990 wieder Fußballweltmeister.

Zuviel Fett in der Nahrung behindert die Bildung und die Füllung der Glykogenspeicher in Leber und Muskeln (das sind die Reserve-Kohlenhydrat-Lager des Körpers). Dadurch wird nicht nur die Ausdauer, sondern ebenso Kraft und Schnelligkeit vermindert. Bei praktisch allen Leistungssportarten wird ja die Energie aus den Glykogenspeichern gewonnen.

Für Leistungssportler empfehlen die Mediziner heute einen Eiweißanteil in der Nahrung von 1,5 Gramm je Kilogramm Körpergewicht – das sind bei einem 70 Kilogramm schweren Menschen 105 Gramm, also knapp zehn Dekagramm pro Tag. Nicht einmal Bodybuilder brauchen mehr! Für sie hat man den minimalen Mehrbedarf von sieben Hundertstel Gramm je Kilogramm Körpergewicht errechnet, also bei 70 Kilogramm Körpergewicht insgesamt ein Mehr von nicht einmal fünf Gramm.
Alles was darüber hinaus in der Nahrung steckt, kann nicht als Protein (Eiweiß) weiterverarbeitet werden, es wird zunächst zu Körperfett umgewandelt — nicht gerade der Effekt, den sich die meisten Menschen erträumen würden.

Für Erwachsene, die leichte körperliche Tätigkeiten ausführen, empfiehlt die Deutsche Gesellschaft für Ernährung (DGE) neuerdings 0,8 Gramm Protein pro Kilogramm Körpergewicht und Tag, das sind für unser 70-Kilo-Beispiel also 56 Gramm – der Proteingehalt eines 25-Dekagramm-Steaks.
Was in einem Halbpfünder steckt, ist der gesamte Eiweißbedarf für einen ganzen Tag – man darf also nicht den Trugschluß ziehen, so ein „Gericht" wäre genau das Richtige für den Mittagstisch. Jeden Tag solch ein Steak zu essen würde bedeuten, daß man sonst keinerlei Eiweiß zu sich nehmen dürfte, also keine Butter, keine Milch, keinen Käse, kein Gemüse ... — eigentlich gar nichts mehr außer puren Kohlenhydraten. Ganz abgesehen davon hätte man die Fettbedarfsmenge für einen Tag schon bei weitem erreicht.

Zusammenfassung

Bisher kam es in der Diabetikerkost darauf an, die Kohlenhydratzufuhr einzuschränken. Das war und ist schwer, man kann sich auf diese Weise nur sattessen, wenn man „Zuflucht" bei fett- und eiweißhältigen Speisen sucht: Wurst, Käse, Butter, Milch, Fleisch. Abnehmen (ein Wunsch vieler Diabetiker) ist damit trotz allen Bemühens kaum möglich. Das Resultat: Essen wird zu einem ständigen Pendeln zwischen lustvollem „Sündigen" und darauf folgendem (schlechtes Gewissen!) Mißvergnügen.
Heute ist die Lage völlig anders: Kohlenhydrate sind „in". Man hat sie als Energiespender wiederentdeckt, und man weiß vor allem, daß viel Fett Arteriosklerose in gefährlicher Weise fördert, was für Diabetiker ein ganz spezielles Problem ist – alle sogenannten „Spätschäden" des Diabetes sind Folgen der Arteriosklerose.

Die neuen Empfehlungen erlauben also wieder ein Sattessen ohne schlechtes Gewissen: Kohlenhydrate sättigen stärker und anhaltender als Fett und Eiweiß, der Gefahr eines Herzinfarktes und Gehirnschlages kann Einhalt geboten werden.
Den Verzicht erspart man sich nicht ganz, jetzt müssen Fett- und Eiweißzufuhr stark vermindert werden. Mit der Idee der Hausmannskost lassen sich diese neuen Empfehlungen aber trotzdem vereinen, und zwar viel besser als bisher.

ESSEN IST HERZENSSACHE

Diät – das ist trockenes Brot.

„Sie haben Diabetes, ab sofort müssen Sie Diät essen!" – als Diabetiker kennen Sie diesen Satz und werden sich erinnern, welcher Erdrutsch der Gefühle daraufhin in Ihnen abgegangen ist. „Um Gottes Willen, darf ich jetzt ‚nichts' mehr essen? Muß ich alles umstellen? Aber das geht ja nicht! Was wird mein Mann/meine Frau dazu sagen? Jetzt ist mein Leben zu Ende ..."

Viele Diabetiker denken im ersten Schock so, und das Tragische ist: Für viele hält dieser Schock jahrelang an, sie können sich nie in die neuen, notwendigen Lebensregeln einfügen, nehmen das Ganze entweder nicht wirklich ernst oder versuchen, „brav" zu sein, und „sündigen" trotzdem immer wieder, fühlen sich dann schlecht und als Versager – kurz, es ist ein unerfreulicher Kreislauf, der sich im Gefolge der ärztlichen Diagnose „Diabetes" dreht.

Wie kommt das? Wieso kann man sich nicht an die medizinischen Anweisungen halten? Sie klingen doch einleuchtend, man anerkennt ihre Richtig- und Wichtigkeit, man vertraut dem Arzt, und trotzdem ...

Es gibt mehrere Gründe, warum Essen, das der klassischen Meinung nach „die zweitschönste Sache der Welt" ist, Sorgen und Kummer bereiten kann. Diese Gründe lassen sich leicht zusammenfassen. Allen Schwierigkeiten am Speisetisch liegt ein Faktum zugrunde:

Essen ist weit mehr als nur Nahrungsaufnahme – Essen ist Herzenssache.

Essen verbindet Menschen

Durch das Essen ist man mit allen anderen Familienmitgliedern verbunden. Man ißt (je nach Familie) manchmal, oft oder immer gemeinsam, man freut sich auf besonders gute Mahlzeiten, man hat Rituale („am Sonntag gibt es immer Schweinsbraten ...") und es gibt Familientraditionen, ganz bestimmte Speisen oder Zutaten, die es „immer schon bei uns" gab, die sozusagen „dazugehören".

Und dann wird Ihnen plötzlich Diät verordnet.
Der Arzt, *ex cathedra,* also gleichsam vom päpstlichen Stuhl aus, verordnet einen Speisestil.

Da spießt es sich gleich mehrmals. Denn:
Erstens läßt man sich nicht gerne etwas vorschreiben, niemand liebt das.

Zweitens läßt man sich besonders ungern etwas vorschreiben, das in den Intimbereich eingreift – Essen gehört zum Intimbereich des Menschen.
Drittens liebt man zwar manchmal Abwechslung, aber Abwechslung auf Befehl – nein, danke!
Viertens geht das sowieso nicht, weil man ja „nicht alles umstellen kann“.
Und damit sind wir beim springenden Punkt.

Essen ist Gemeinsamkeit

Es ist wirklich wahr: Man kann nicht alles umstellen, das geht einfach nicht. Das geht nicht von heute auf morgen, das geht aber auch längerfristig nur selten, und beim Essen ist es besonders schwer.

Essen ist – für viele Menschen – Gemeinsamkeit. Man ißt gemeinsam, man teilt die gleiche Speise, man nimmt die selben Substanzen auf, macht sie sozusagen zum Teil des Organismus, so etwas verbindet ungemein.

Die Idee des Gastmahls ist seit alters nicht bloß eine schöne Sitte, sie hat auch den handfesten Zweck der Befriedung. Wer gemeinsam mit den anderen das Brot gebrochen, aus einem Teller gelöffelt, vom selben Tisch gegessen hat, der ist, potentiell wenigstens, ein Freund, zumindest aber hat man etwas Gemeinsames, etwas Verbindendes.
Der Bruch der Gastfreundschaft ist in vielen Kulturen eine der größten denkbaren Sünden, und zur Gastfreundschaft gehört das Anbieten von Nahrung notwendigerweise dazu.

„DAS IST GUT FÜR GÄSTE / WENN MAN ETWAS BESONDERES BIETEN WILL“

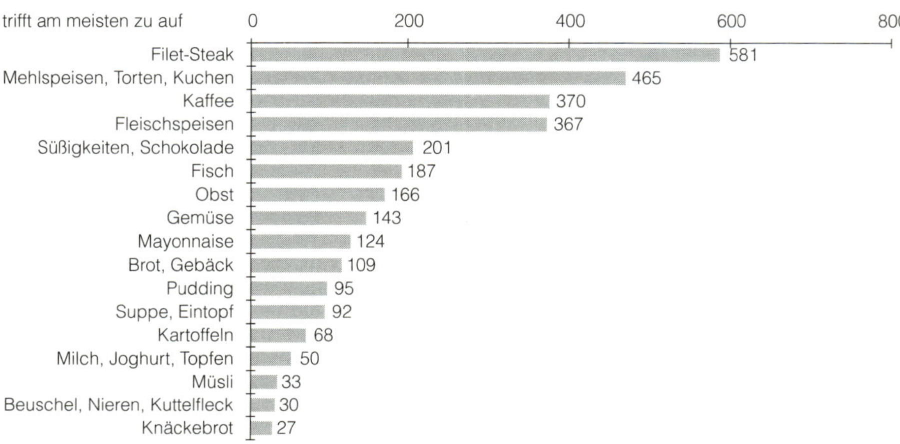

„Anders Essen" verletzt die Gemeinsamkeit

Von dieser Sitte müssen Sie sich als Diabetiker – wenn Sie sich an die bisherigen Vorschriften halten – gleichsam abkoppeln.

Kaum jemand macht sich bewußt, daß er durch den Zwang, ab sofort „anders" zu essen, die Gemeinsamkeit mit den Mitmenschen in einem ganz wesentlichen Punkt verletzt; bewußt macht man es sich kaum – aber man spürt es: Der Widerstand, wenn man hört: „Ab sofort müssen Sie, dürfen Sie nicht mehr, sollen Sie usw.", ist eine ganz natürliche Reaktion auf die sich ankündigende Gefahr, zum Außenseiter gestempelt zu werden, ins Abseits zu kommen, als einer zu gelten, „dem man immer eine Extrawurst braten muß" – eine Einstellung, wie sie viele Diabetiker in ihren Familien zu spüren bekommen.

Welchen Wert das Essen in Zusammenhang mit Gemeinsamkeit hat, sieht man auch daran, daß viele Menschen, die einsam leben, kaum Kontakte haben, wenig ausgehen und ihre Eßgewohnheiten vernachlässigen. „Für mich allein kochen? Das zahlt sich doch nicht aus!"
Vor allem ältere Menschen verhungern und verdursten manchmal beinahe, weil sie ihre eigenen Nahrungsbedürfnisse kaum mehr wahrnehmen. In einer geselligen Runde, wo man sich zum Essen zusammensetzt, wäre das ganz anders.

Essen ist also ein Akt der Geselligkeit, und man verletzt unwillkürlich, ob man will oder nicht, die Gesetze der Geselligkeit, wenn man den üblichen Stil und Rhythmus nicht mehr einhalten kann.
In vielen Fällen pendelt sich daraufhin ein neuer Stil, ein neuer Rhythmus ein. Der Diabetiker arrangiert sich irgendwie, er hält sich manchmal an die Diätvorschreibungen, manchmal hält er sich nicht – wie das eben aus der Praxis des täglichen Lebens bekannt ist. Die Familienmitglieder passen sich an, sind bereit, „Opfer zu bringen", man entwickelt eine neue Form des Zusammenlebens.
In vielen Fällen aber geht das nicht. Dann kann es sein, daß der Diabetiker sozusagen „übrigbleibt", zum Außenseiter wird. Leicht ist das nicht, und häufig kann man es auch gar nicht durchhalten. Man paßt sich also *nolens volens* (nichtwollend wollend) an, verletzt die Regeln der Diabetesküche lieber als die der Gemeinsamkeit mit den anderen.

Eines ist interessant: nicht nur Menschen, auch viele Tiere nehmen große Opfer auf sich, nur um nicht einsam und allein sein zu müssen. Ratten zum Beispiel sind bereit (diesbezüglich gibt es zahlreiche Versuche), lieber in Gesellschaft Schmerzen erdulden zu müssen, als schmerzfrei, dafür aber im Käfig, allein zu sein.

Vielleicht sind Mediziner, die ja mitunter auf Tierversuche mehr Gewicht legen als auf Beobachtungen aus dem Alltag der Menschen, aufgrund solcher

Resultate eher bereit zu akzeptieren, daß es Wichtigeres im Leben gibt als „vernünftiges Patientenverhalten"?!

Sie als Diabetiker hatten jetzt jedenfalls sicher viele „Aha-Erlebnisse": Sie sehen nun vielleicht klarer, woher diese starken, instinktiven Widerstände kommen, Widerstände gegen Diät, Widerstände gegen andere Zubereitungsarten in der Küche, als Sie es gewöhnt sind, Widerstände dagegen, den üblichen Tagesrhythmus zu ändern.

Zusammenfassung

Essen ist weit mehr als nur Nahrungsaufnahme, zum Essen gehört auch Geselligkeit, Freundschaft, Liebe ...
Wer sich von diesem Akt der Gemeinschaft ausschließt, und sei es „nur" durch eine besondere Diät, der wird unter Umständen zum Außenseiter. Ernährungsumstellungen kann man nur gegen (meist unbewußte) Widerstände durchsetzen – man muß daher sehr behutsam vorgehen!

DER ARZT – EINE AUTORITÄT?

Viele Seelenkrämpfe von Diabetikern kommen daher, daß sie in einer Zwickmühle stecken. Auf der einen Seite: die Autorität des Arztes. Auf der anderen Seite: die eigene „Unfähigkeit“, die ärztliche Vorschreibung einzuhalten. Unter dieser Situation leiden beide Teile.

Kränkung und Zynismus

Es leidet der Arzt, weil seine Anweisungen nicht oder nur teilweise beachtet und umgesetzt werden. Das ist eine Kränkung, und viele Ärzte sind relativ leicht gekränkt. Ihre Reaktion ist dann häufig Zynismus: „Die Patienten sind doch wirklich dumm, sie verstehen nicht, was man ihnen sagt, man muß alles x-mal wiederholen!“
Die Wahrheit ist: Sie reden am Herzen des Patienten vorbei. Was Ärzte sagen, richtet sich oft an den Verstand. Das Gefühl spielt dabei kaum eine Rolle. Man hört aber „nur mit dem Herzen gut“, wie der französische Dichter Saint-Exupéry sagte.

Der typische Trugschluß der Mediziner: Patienten hören „vernünftige Argumente“ und Ratschläge, halten sich aber nicht daran, also kann etwas mit ihrer Vernunft nicht in Ordnung sein.
Einem ähnlichen Trugschluß verfallen viele Diabetiker: Der Arzt gibt vernünftige Ratschläge und Verschreibungen, ich halte mich aber nicht daran, also kann etwas mit meiner Willensstärke, mit meinem Charakter nicht in Ordnung sein.

Beide Teile bedenken nicht, daß Menschen in ein Netzwerk von Beziehungen eingebaut sind. Ändert sich eine Lebensbedingung drastisch, ist das ganze Netzwerk betroffen. Da hilft auch Vernunft nichts: Wenn die eigene soziale Stellung, die Beziehung zu den anderen Menschen gefährdet ist, wird alles andere unwichtig, auch die Rücksicht auf sich selbst. Noch dazu kommt, daß Diabetiker (Nicht vergessen: Es ist immer nur die Rede vom Typ II, vom „Altersdiabetes“!!!) oft keinen unmittelbaren Grund sehen, Diät zu halten oder eine andere Maßnahme zu treffen: Nichts tut ihnen weh, sie spüren den Diabetes nicht, er existiert eigentlich nur in der abstrakten Form eines medizinischen Befundes.

Wer bestimmt die Norm?

Das „Schlachtfeld“ der Diabetikerdiät, dieses Hin und Her zwischen Vorschrift und Versagen, Medizin und wirklichem Leben, ist ein klassisches Beispiel dafür, wie „Gesundheit“ und „Krankheit“ heute verstanden und behandelt werden.
Es gibt eine Gruppe „Eingeweihter“, die Bescheid wissen, die sich auskennen, die wissen, „wie der Hase läuft“. Das sind die Ärzte, ruhend auf der Basis wissenschaftlicher Arbeit. Auf dieser Basis gibt es Ergebnisse, Studien, Tabellen, Wissen. Aus diesem Wissen ergeben sich *normative Vorschriften,* Regeln also, die Normen setzen. Normen sind Maßstäbe. Maßstäbe geben Grenzen an. Alles innerhalb dieser Grenzen heißt „normal“.
Anders ausgedrückt: In gewissen Abständen treffen Wissenschaftler zusammen, um zu beraten, ob das bisher „Normale“ auch weiterhin als normal gelten kann oder ob man Änderungen vornehmen muß.
Die Diabetiker sind derzeit Zeugen und Opfer einer sehr gravierenden Änderung von Normen, die allerdings erfreulicherweise mehr Lebensnähe bringen wird.

Jedenfalls treten nach einem solchen Wissenschaftlertreffen die führenden Köpfe an die Öffentlichkeit und verkünden die neuen Normen. Ab sofort gilt dies und jenes als normal, alles davon Abweichende kann nicht mehr toleriert werden. In weiterer Folge werden Verhaltensregeln ausgearbeitet: Ab jetzt hat sich der Patient soundso zu verhalten ...

Wissenschaftlertreffen, bei denen, meist auf internationaler Ebene, derartige Normanpassungen vorgenommen werden, nennt man *Konsensus-Konferenzen.*

Kon- oder Nonsens?

Viele Experten, vor allem jene, die mit wachem Blick und entsprechender Erinnerung ausgestattet sind, stehen solchen Wissenschaftlertreffen skeptisch gegenüber. Sie wissen, daß man die „Norm“ im Lauf der Geschichte immer wieder verändert und angepaßt hat, je nach Stand der Forschung.

Zum Beispiel der heute modern gewordene Stil der Diabetikertherapie mit Insulin, bei dem viele kleine Injektionen über den Tag verteilt die Tätigkeit der Bauchspeicheldrüse simulieren und damit eine für die meisten insulinabhängigen Diabetiker nie gekannte Freiheit ermöglichen, war in den zwanziger Jahren unseres Jahrhunderts schon einmal „in“. Allerdings ist die Medizin dann mehr als 60 Jahre lang einen – aus heutiger Sicht – Irrweg gegangen, auf dem Rücken der Diabetiker, denen man jahrzehntelang im Brustton der Überzeugung verkündete, wie „es sich gehört“.

Viele Diabetologen sprechen deshalb von „Nonsensus-“, nicht von Konsensus-Konferenzen.

Die jeweiligen Normen werden also von den zuständigen Instanzen per Gebot, Kompetenz oder Autorität an die Öffentlichkeit weitergegeben.
Zunächst erfahren die niedergelassenen Ärzte, was künftig zu glauben ist. Sie glauben es aber oft doch nicht, und das ist Segen und Fluch zugleich. In vielen Fällen ist man im nachhinein froh, nicht jede „wissenschaftliche Mode“ mitgemacht zu haben. Andererseits fallen auch segensreiche Neuerungen dem konservativen Beharrungsvermögen vieler niedergelassener Ärzte zum Opfer.

Belehrung von oben herab

Der Patient, der Kranke, der Diabetiker spielt im bisher geschilderten Verlauf des wissenschaftlichen Erkenntnisprozesses kaum eine Rolle. Er kommt jetzt erst ins Spiel, nämlich wenn es darum geht, ihm das Neue zu vermitteln.

Das geschieht

1. über die Massenmedien (die Illustrierten und auch andere Medien sind voll von medizinischen Artikeln, gerade zum Thema Ernährung) und

2. im direkten Zusammentreffen mit dem Arzt.

In beiden Fällen gilt meistens, daß die medizinischen Empfehlungen sehr von oben herab gegeben werden. Mit „von oben herab“ ist nicht unbedingt hochnäsig oder arrogant gemeint, auch der „leutselige“ Arzt, der eine bemüht einfache Sprache spricht, kann am Ohr und am Herzen des Diabetikers vorbeireden. Im wesentlichen läuft es also auf eines hinaus: Da gibt es eine Autorität, die als Ratschläge, Verordnungen oder Rezepte verpackte Befehle ausgibt. Auf der unteren Ebene stehen die „Befehlsempfänger“, quasi die Untergebenen, die Patienten.

Um die Ratschläge/Befehle durchzusetzen, gibt es mehrere Strategien:

■ **Der Appell an die Vernunft** ist sehr häufig zu hören – nur ist eben das Leben des Diabetikers keine Bilanz, in der es nur Soll und Haben gibt. „Ich bin kein ausgeklügelt Buch – ich bin ein Mensch in meinem Widerspruch“, dichtete Conrad Ferdinand Meyer.

■ Häufig glauben Mediziner auch, durch **Hinweis auf die *Epidemiologie*** (Lehre von der Häufigkeit und Verteilung von Krankheiten in der Bevölkerung) an ihr Ziel zu gelangen. Man verweist zum Beispiel darauf, wieviel Übergewicht pro Kopf und Nase auftritt, wieviel Prozent der Bevölkerung an den Folgen ungesunden Lebens erkranken oder gar sterben, wieviele Lebensjahre verloren gehen etc. So etwas kann beeindrucken, mehr aber auch nicht. Denkt man nicht meistens: „Furchtbar, wie häufig diese Erkrankung ist, wie schlimm sie sich auswirkt ...“, aber im selben Gedankengang: „Gott sei Dank spür' ich nichts, ich bin damit nicht gemeint!“? Oder wenn man schon „etwas spürt“, findet man nicht gerne tausend Ausreden, was „in Wirklichkeit“ dahinter stecken könnte?

■ Besonders beliebt ist bei Ärzten **die Drohung:** „Wenn Sie sich nicht an meine Verordnung halten, garantiere ich für nichts!“ Oder eine Kombination mehrerer Strategien: „Schauen Sie, seien Sie doch vernünftig! Sie wollen doch kein Raucherbein bekommen ...?“

■ **Der „Liebesentzug“** spielt in der Erziehung unserer Kultur eine große Rolle und ist auch in der Beziehung zwischen Medizinern und Patienten als Druckmittel zu finden: „Wenn Sie nicht ..., brauchen Sie gar nicht mehr zu kommen.“

Negative und positive Seiten der Strategien

Im Leben gibt es selten „reine“ Typen – Sie werden in Ihrer „Karriere“ als Patient wahrscheinlich wesentlich öfter Mischtypen aus obenstehender Liste finden. Außerdem sind alle genannten Strategien nicht von vornherein negativ.

Ein bißchen Drohung gehört dazu, sonst merkt man vielleicht gar nicht, daß die Situation wirklich ernst ist. Oft hört man auch gerne vom Arzt, was es Interessantes zu der eigenen Krankheit zu sagen gibt. Information ist in vielen Situationen sehr wichtig. Der Appell an die Vernunft wird ebenfalls häufig erfolgreich sein. Und die Drohung mit Liebesentzug scheint zwar grausam, zeigt aber gleichzeitig doch auch, daß man geliebt wird – nur wo Zuwendung besteht, kann sie auch entzogen werden.

So hat also alles mehrere Seiten, und es kommt immer nur darauf an, welche Strategie zu welchem Zeitpunkt und in welcher Situation gewählt wird.

Die Diabetiker sind nicht schuld

Eines ist aber jetzt wohl deutlich geworden: Wenn Diabetiker mit ihrer Diät Schwierigkeiten haben, sie nicht einhalten können und immer wieder „über die Stränge schlagen“, dann liegt das nicht ausschließlich an ihnen. Dann liegt das mindestens ebensosehr an unrealistischen Forderungen. Das Verlangen, mit allen Speisegewohnheiten zu brechen und völlig neue, noch dazu meist unattraktive Gewohnheiten anzunehmen, kann nur von Halbheiligen erfüllt werden.

Sicher ist es nicht böse Absicht, wenn Mediziner in ihrem Verhalten den Patienten gegenüber immer wieder falsche Töne anschlagen. Es ist eher Unsicherheit, mangelndes Feingefühl, Unwissenheit, wie das „tägliche Leben“ ihrer Patienten tatsächlich aussieht. Es ist aber auch mangelnde Kenntnis von richtiger Kommunikation und Psychologie. Außerdem darf man nicht vergessen, daß Ärzte in einem System „erzogen“ werden, das die Wissenschaft zur Basis hat und dessen Grundlage die Hierarchie ist (Ein besonders gutes Beispiel dafür, wie Hierarchie funktioniert, bietet das Krankenhaus!). Dieses erlernte Bild, dieses Verständnis überträgt der Arzt oft auch auf sein Verhältnis zum Patienten.

Zusammenfassung

Die Medizin neigt dazu, Patienten in Schablonen zu pressen. Normwerte und Verhaltensregeln sollten das Patientenverhalten bestimmen, die Regeln werden dabei „von oben herab“ verkündet und sind oft nichts anderes als getarnte Befehle. Dieser Stil trifft aber zunehmend auf Widerstand. Im Kontakt zwischen Arzt und Patient gibt es viele Möglichkeiten, Fehler zu machen. Appelle helfen nichts, wenn sie zum falschen Zeitpunkt und in falschem Stil und Ton ausgesprochen werden.

WANN HAT DIE DIÄT CHANCEN?

Sie haben es schon gelesen: Das Essen, und alles was mit dem Essen zusammenhängt, ist für die meisten Menschen eine tief eingeprägte Gewohnheit – Tradition von alters her, stark kulturell geprägt.

Die Verordnung einer Diät, also einer Umstellung, die – und das klingt sofort höchst unangenehm! – aus dem Essen einen Teil der Therapie macht, hat also nur dann Chancen, wenn mindestens zwei Voraussetzungen gegeben sind:

1. **Der Ton macht die Musik!** — dieser alte Spruch muß wieder zur Maxime Nummer eins im Umgang zwischen Arzt und Patient werden. Verordnen und Verschreiben, das wird zwar gerne angenommen, wenn man schwerkrank ist, ein akutes Leiden hat und sich direkte Linderung erhofft. Es wird aber nur selten akzeptiert, wenn die Krankheit chronisch ist, kaum Beschwerden macht und die Verordnung eine gravierende Lebensumstellung verlangt.
Also: Gefragt ist heute viel eher die Beratung; schon auch die Anweisung (man soll ja nicht das Kind mit dem Bade ausschütten!), aber in einem Ton und auf eine Art, die den durch die Krankheit ohnedies schon angeschlagenen Patienten nicht unnötig belasten. Befehle werden vielleicht gehört, aber nur selten ausgeführt – wie ja die Praxis zeigt.

2. Ernährungs-Ratschläge müssen **den Alltag des Patienten zur Grundlage** haben. Es hat wenig Sinn, einem Diabetiker, der es bislang gewohnt war, mit größter Lebensfreude regelmäßig sein Schnitzel, seine Schweinshaxe, seine Torten und Kuchen zu essen, all das zu streichen und stattdessen Salatschüsseln, Quark/Topfen und Vollkornbrötchen zu empfehlen.
Das Resultat kann man vorhersehen: entweder *Non-Compliance* (dieses neudeutsche Wort heißt, daß der Patient sich nicht an das hält, was der Arzt ihm vorschreibt) oder ein Leben für den Diabetiker, das ihm keinen Spaß mehr macht.
Nicht selten sagen Diabetiker im ersten Schock, nachdem sie erfahren haben, daß sie jetzt „kaum noch etwas" essen dürfen: „Da kann ich mir ja gleich die Kugel geben. Mein Leben hat doch so keinen Sinn mehr, da ist mir die ganze Freude genommen!" Das alles kann vermieden werden, wenn die neue Kost sich an das Gewohnte anlehnt und keine allzu großen Sprünge verlangt.
Außerdem: Diabetiker vom Typ II („Altersdiabetiker") leben meistens mehrere Jahre mit erhöhten Blutzuckerwerten, ohne daß ihnen oder dem Arzt das auffiele. Da kommt es nach der Diagnose auf einige Wochen oder sogar Monate der langsamen Kostumstellung doch wohl auch nicht an?!

Ärzte mögen diese Aussage furchtbar finden: Man muß doch sofort etwas tun! Aber ist es nicht klüger, eine drastische Lebensveränderung langsam einzuüben und dann aber beizubehalten, als einen sofortigen Bruch zu verlangen, der dann dauernd zu Rückfällen führt – mit allen Konsequenzen auf das Seelenleben?

Zusammengefaßt heißt das also:

■ **Regel Nummer eins:** Dem Diabetiker Befehle zu geben bringt wenig, auch wenn sie getarnt sind: Empfehlungen im entsprechenden Ton, gepaart mit Information (und natürlich auch einer Prise Warnung) werden beide Teile, Patient wie Arzt, mehr erfreuen und auch leichter befolgt werden können.

■ **Regel Nummer zwei:** Diabetikerdiät darf für den Diabetiker kein Schock sein. Sie muß dessen gewohnte Ernährung so weit wie möglich zum Vorbild nehmen, diese aber entsprechend umgestalten.
Freilich: Dazu bedarf es großen Fachwissens über Ernährungsdetails. Leider lernen Mediziner dieses Fachwissen in ihrem Studium nicht, was die meisten Ärzte heftig bedauern. Entweder eignen sie sich das Wissen dann privat an, wozu die wenigsten kommen (Zeitnot!), oder sie ziehen Fachkräfte bei. In diesem Fall sind das Diätassistentinnen, also Ernährungsexperten.

An einer Umstellung seiner Ernährung kommt kein Diabetiker vorbei – es sei denn, er greift gleich zu „insulinlockenden" Tabletten und nimmt in Kauf, daß die Bauchspeicheldrüse früher als nötig erschöpft ist (manche Ärzte unterstützen das). Die Reue kommt dann vielleicht spät, aber sicher. Besser ist es, in kleinen Schritten umzustellen, dabei aber entsprechend konsequent zu sein.

Was heißt schon Übergewicht?

Rund 80 Prozent der Typ-II-Diabetiker sind nach medizinischen Kriterien übergewichtig.
Nach medizinischen Kriterien – dieser Ausdruck wird deshalb so betont, weil viele dieser „Übergewichtigen" sich selbst gar nicht als übergewichtig empfinden.

Der Begriff des Übergewichts ist hochproblematisch. Die Medizin richtet sich dabei nach einem Idealtypus, einem schlanken Menschen. Tatsächlich ist dieser Typus aber vielen Menschen gar nicht angeboren – sie bemühen sich dann verzweifelt ein Leben lang, den angeblich „normalen" Werten zu entsprechen. Doch davon ein wenig später mehr.

Interessant ist jedenfalls, daß bei vielen Typ-II-Diabetikern reduziertes Essen und damit Gewichtsverlust (übrigens auch so ein Reizwort: „-verlust"; wer verliert schon gerne freiwillig etwas?) die erhöhten Blutzuckerwerte reduzieren kann. Oft genügt das, um jahrelang ohne jede weitere medizinische Maß-

nahme auszukommen: keine blutzuckersenkenden Tabletten, keine Spezialdiät, natürlich auch kein Insulin.
In manchen Fällen sollen Diabetiker nur durch Gewichtsabnahme schon vom bereits verordneten Insulin weggekommen sein! Vor der Gewichtsabnahme war die Insulinwirkung im eigenen Körper nicht mehr ausreichend. Einige Kilogramm Körpergewicht weniger – und wie von Zauberhand stimmt der Blutzuckerspiegel wieder.

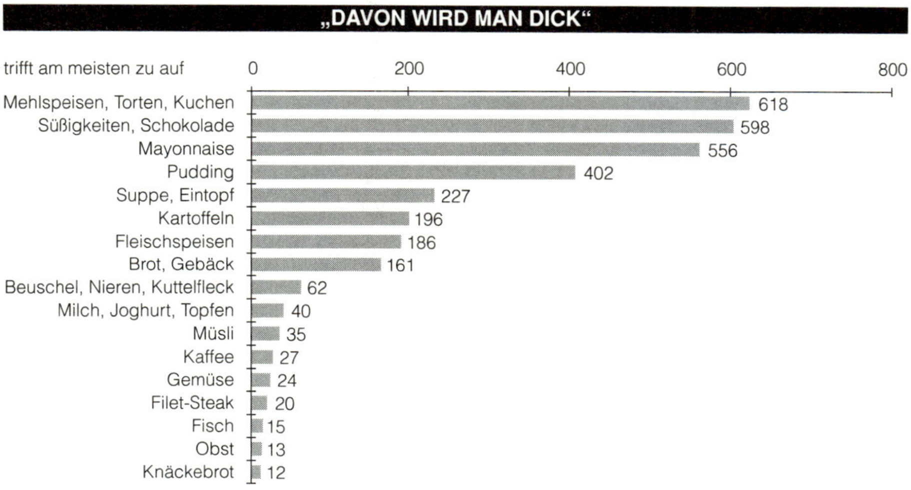

Diät = Lebensweise

Diät ist übrigens zwar ein Begriff mit meist negativer Färbung, vor allem wenn sie verschrieben, also quasi aufgezwungen wird, das schlechte Image der Diät geht aber auf einen Kulturverlust über Jahrtausende zurück.
Ursprünglich, nämlich bei den Griechen des klassischen Altertums, die diesen Begriff als *diaita* prägten, bedeutete Diät weit mehr als heute. Die gesamte Lebensführung war damit gemeint – vernunftgemäße Lebensweise, für den Körper ebenso wie für die Seele. Das Mißvergnügen, das durch Diät heute (oft verständlicherweise) ausgelöst wird, widerspricht also dem klassischen Sinn des Wortes völlig. Lebensfreude und Vergnügen, Ausgeglichenheit und Gelassenheit waren beim damaligen Verständnis des Ausdrucks mindestens ebenso wichtig wie die richtige Zusammensetzung der Nahrung.

Diät heute also, reduziert auf Küche und Eßtisch, hat nur dann wirklich eine Chance, wenn sie das Leben der Betroffenen nicht allzu „stört“ und wenn sie – vor allem – schmeckt.

Und damit kommen wir zu einem ganz besonders wesentlichen Punkt, nämlich der Bedeutung des Essens, der Nahrung und ihrer Bestandteile im kulturellen, psychologischen und sozialen Sinn.

Nur wenn man versteht, welche tiefere Bedeutung zum Beispiel das Lebensmittel Fleisch hat, was einem Menschen alles zum Begriff Brot einfällt und welche Assoziationen Butter, Milch und Fett auslösen, kann man begreifen, warum es manchmal so schwer fällt, die Ernährung umzustellen und zu verändern.

Zusammenfassung

Ratschläge und Verschreibungen für den Patienten müssen dessen Alltag zur Grundlage haben. Erfordern sie ein allzu krasses Umdenken oder gar einen Bruch mit der Tradition, haben sie wenig Chance, durchgeführt zu werden. Die alte Bedeutung von „Diät“ als Lebensführung von Körper und Seele könnte eventuell eine neue Grundlage abgeben.

AM ESSEN HÄNGT, ZUM ESSEN DRÄNGT DOCH ALLES ...

Essen, man kann es gar nicht oft genug betonen, ist mehr als nur Nahrungsaufnahme. Essen ist auch ...

- Genuß,
- Trost,
- Ausgleich,
- Gemeinschaft,
- Vertrautes ...

... und so weiter, Sie werden aus Ihrem eigenen Erfahrungsschatz noch viele andere Bedeutungen finden, die Essen für Sie haben kann.

Essen kann natürlich auch negative Bedeutungen haben. Wenn Sie etwa unter schlechter Verdauung leiden, wird das Thema für Sie nicht immer erfreulich sein. Verstopfung zum Beispiel zählt zu den häufigsten Sorgen der Menschen. Der Preußenkönig Friedrich der Große soll gesagt haben, für einen guten Stuhlgang gebe er das Himmelreich.
Wenn Sie entweder selbst oder wenn eines Ihrer Kinder oder jemand aus der Verwandtschaft oder Bekanntschaft unter Eßstörungen leidet, wird Essen auch mit negativen Erinnerungen behaftet sein. Nicht umsonst spielen sich am Eßtisch oft die größten Dramen der Kindheit ab: „Der Eßtisch ist das Schlachtfeld der Neurosen“, hat Sigmund Freud gesagt.

Essen, Nahrung, Speise hat also viele Bedeutungen für den Menschen, positive ebenso wie negative.

Kultur und Gewohnheiten

Was als gute, genußreiche Nahrung empfunden wird, ist stark kulturell geprägt. In Österreich schätzt man andere Gerichte als in Deutschland oder in der Schweiz, und auch hier gibt es noch große regionale Unterschiede.

Unterschiede gibt es auch entsprechend der jeweiligen sozialen Schicht, in der man lebt. Eine Arbeiterfamilie wird andere Tischsitten und Gerichte haben als eine Bauernfamilie; ein Rechtsanwalt wird in der Regel, entsprechend seinem Stand, sogenannte „gehobene“ Essensansprüche haben, noch „gehobenere“ vielleicht ein Graf usw.

Jede Schicht, jede Kultur, jede Familie hat ihre ganz eigenen Gewohnheiten, Gebräuche und Rituale. Dagegen zu verstoßen ist weitgehend unmöglich, weil man sich dadurch aus der Essensgemeinschaft, aus der Tischgemeinschaft ausschließen würde. Wer aus der Tischgemeinschaft ausgeschlossen ist (und das kann man unter Umständen auch sein, wenn man am selben Tisch mit den anderen sitzt, aber ein eigenes Gericht verspeist), der ist ein Außenseiter.

Nur zur Beruhigung: Man soll nichts dramatisieren! Viele zwischenmenschlichen Beziehungen laufen auf sehr feinen Kanälen, vieles wird überhaupt nicht ausgesprochen. Wenn hier von Außenseiterrollen die Rede ist, dann ist das sehr krass ausgedrückt. Diese Situationen müssen durchaus nicht immer derart ausgeprägt ablaufen. Aber vielleicht können Sie als Diabetiker bestätigen, daß Sie schon öfters das Gefühl gehabt haben, nicht nur anders zu sein als „die anderen", die Nicht-Diabetiker, sondern auch tatsächlich am Rand zu stehen, nicht so zu können wie die anderen, und deshalb ein wenig schief angeschaut zu werden. Wenn das der Fall ist, wissen Sie, wovon die Rede ist: Die menschliche Seele ist ein sehr feines Thermometer und die Seele des Diabetikers oft ganz besonders. Man merkt in Nuancen, wenn „etwas nicht stimmt" – von solchen Nuancen wird hier gesprochen.

Der Stempel „Krankheit"

Wer wegen Krankheit „aus dem Verkehr" gezogen wird, das heißt im konkreten Fall des Diabetes, wer anders essen muß als die übrigen, bekommt gleichsam einen Stempel, und zwar den Stempel, dauernd krank zu sein. Diabetikerdiät einhalten zu müssen – das ist eine Sache des Alltags, das gilt jeden Morgen, jeden Mittag, jeden Abend.

Ständig wird man durch die Notwendigkeit, die Broteinheiten (BE) berechnen zu müssen, zum Beispiel Diabetikerkonfitüre kaufen zu müssen statt die gute hausgemachte essen zu können, sogar in den Urlaub solche Konfitüre mitnehmen zu müssen, darauf aufmerksam gemacht, daß man krank ist.

Man entgeht der Krankheit nicht, keinen Tag!

Vielleicht ist auch das ein Grund, warum so viele Diabetiker es ablehnen, sich an die Bestimmungen zu halten. Würden sie sich „brav" danach richten, müßten sie das geregelte Leben eines Kranken führen. Man will aber nicht ständig erinnert werden, eine Krankheit zu haben.

Diese (verständliche) Verdrängung geht bis hin zur Sprache. Diabetikervereinigungen, also Selbsthilfeorganisationen, gehen in letzter Zeit oft dazu über, nicht mehr von Krankheit zu reden, sondern von „bedingter Gesundheit" – als Diabetiker sei man bedingt gesund.

Das mag zwar überzeugend klingen – im Grunde des Herzens weiß man in der Regel aber doch, daß es nicht stimmt. Eigentlich lügt man sich mit solchen Etikettierungen in den Sack und gibt sich der Illusion, gesund zu sein, hin.

Zurück zum Speisetisch!

Die Küche – das Herz der Familie

Die Küche als Zentrum des Heims, aus der die Nahrung für die Familie kommt, ist gleichsam das Herz des Familien-Organismus. Liebe und Wärme sind dort in der traditionellen Vorstellung zu Hause.
Auch das ist ein wichtiger Aspekt, der in vielen Familien eine Rolle spielt: Durch Nahrung kann man Zuneigung zeigen. Einerseits, indem man Nahrung gibt (das gilt meistens für die Hausfrauen), andererseits indem man sie sich geben läßt.

Nicht immer ist das Familienleben ausgewogen. Es gehört zum Leben, daß hin und wieder auch gestritten wird. In manchen Familien wird besonders viel gestritten. Das Essen kann in solchen Fällen zum Instrument werden: „Du liebst mich nicht, weil du ablehnst, was ich für dich koche! Das mit dem Diabetes ist doch nur eine Ausrede!" Oder: „Du liebst mich nicht, weil du mir nicht kochst, was ich mit meinem Diabetes brauche!"
Nochmals: So etwas denkt man vielleicht, man spricht es in der Regel aber nicht aus. Meistens wird man sich selbst dafür tadeln, so zu denken. Man verbietet sich Gedanken dieser Art, hat dabei sogar ein schlechtes Gewissen. Schlechtes Gewissen macht Groll – auf denjenigen oder dasjenige, was den Groll auslöst: Das kann der Diabetiker sein, das kann die Krankheit Diabetes sein usw. Auf solche Weise kommt es oft zu Streit, auf solche Weise kann es auch zur Verleugnung des Diabetes kommen.

Hausmannskost – ein Schatz der Tradition

Speziell die Hausmannskost ist oft ein „Schatz" der Familientradition. „Das ist unsere Identität, unsere Kultur", „So war es immer, das zeigt doch, daß wir zusammengehören ...!"

Die Familientherapie kennt mehrere Störungen des Zusammenlebens in Familien, bei denen das gleichsam erzwungene Zusammengehörigkeitsgefühl zu Dauerleid für alle führt – häufig werden die Speisegewohnheiten zu Instrumenten von Druckausübung oder Beleidigtsein.

Familientherapie – das ist eine Methode der Psychotherapie, die menschliche Beziehungen in Familien und ihre Störungen untersucht und den Betroffenen bei der Lösung ihrer Probleme hilft.

Jeden Sonntag Tafelspitz *(österreichische Spezialität)*

Es gibt ein berühmtes Beispiel aus der Literatur, in dem Speisesitten von alters her eine Familie zusammenhalten, wo die Art zu essen als Zeichen benützt wird: „Seht her, wir gehören zusammen, und das wird immer so sein!"
Es ist das der Roman „Radetzkymarsch" von Joseph Roth. Herr von Trotta und Sipolje, Bezirkshauptmann, pflegt seit Jahren sonntags das gleiche, nämlich Tafelspitz, davor Rindsuppe mit Nudeln und als Abschluß Kirschknödel, zu essen.
Sein Sohn Carl Joseph erlebt diese immer nach gleichem Muster ablaufenden Mahlzeiten auf eigene Art:

„Die Teller hatten schmale verblassende blau-goldene Streifen. Carl Joseph liebte sie. Oft im Laufe des Jahres gedachte er ihrer. Sie und der Radetzkymarsch und das Wandbild der verstorbenen Mutter – an die sich der Junge nicht mehr erinnerte – und der schwere silberne Schöpflöffel und die Fischterrine und die Obstmesser mit den gezackten Rücken und die winzigen Kaffeetäßchen und die gebrechlichen Löffelchen, die dünn waren wie dünne Silbermünzen: all das zusammen bedeutete: Sommer, Freiheit, Heimat."

Wie sich die Erinnerungen miteinander verbinden: das Bild der verstorbenen Mutter fast gleichrangig mit dem Geschirr und dem Besteck! Und alles zusammen heißt – Heimat.

Nach alter österreichischer Küchensitte (*Endoküche* nennt man das: Es wird nichts verschwendet, alles Brauchbare verwendet – ein Charakteristikum des Beamtentums.) kommt das Kochwasser des Tafelspitzes (Schwanzstück des Rindes) als Rindsuppe auf den Tisch:

„Herr von Trotta und Sipolje aß sehr schnell, manchmal grimmig. Es war, als vernichtete er mit geräuschloser, adeliger und flinker Gehässigkeit einen Gang um den anderen, er machte ihnen den Garaus. Fräulein Hirschwitz nahm bei Tisch winzige Portionen und aß nach vollendeter Mahlzeit in ihrem Zimmer die ganze Reihenfolge der Speisen aufs neue. Carl Joseph schluckte furchtsam und hastig heiße Löffelladungen und mächtige Bissen. So wurden sie alle zugleich fertig."

Die Bedeutung des Tafelspitzes selbst und seiner Beilagen:

„Das Auge des Bezirkshauptmannes liebkoste zuerst den zarten Speckrand, der das kolossale Stück Fleisch umsäumte, dann die einzelnen Tellerchen, auf denen die Gemüse gebettet waren, die violett schimmernden Rüben, den sattgrünen ernsten Spinat, den fröhlichen hellen Salat, das herbe Weiß des Meerrettichs, das tadellose Oval der jungen Kartoffeln, die in schmelzender Butter schwammen und an zierliche Spielzeuge erinnerten ..."

Das Verzehren der Speisen selbst ist dem Bezirkshauptmann nicht so wichtig – er nimmt sie gleichsam mit den Augen in sich auf.

Als dann die Kirschknödel kommen:

„Der Bezirkshauptmann nahm nur einen, zerschnitt ihn mit dem Löffel und sagte zu Fräulein Hirschwitz: ‚Das, meine Gnädigste, ist ein Muster von einem Kirschknödel. Er besitzt die nötige Konsistenz, wenn er aufgeschnitten wird, und gibt auf der Zunge dennoch sofort nach.‘ Und zu Carl Joseph gewendet: ‚Ich rate dir, heute zwei zu nehmen!‘ Carl Josef nahm zwei. Er verschlang sie im Nu, war eine Sekunde früher fertig als sein Vater und trank ein Glas Wasser nach ...“

Was hier alles eine Rolle spielt, um den Genuß der Speisen zu sichern! Farbe, Größe und Form der Beilagen, die zentrale Rolle des Fleisches, die Konsistenz der Knödel und schließlich auch die sekundengenaue Einhaltung des Rituals – all das gibt ein Gefühl der Sicherheit, des Eingebettetseins in gewohnte Formen, in den Lauf der Dinge und in den Schoß der Familie.

Statt dessen Knäckebrot mit Quark/Topfen?

Wäre ähnliches denkbar mit einem klassischen Diätmahl?
Wohl kaum!

„Da können Sie nicht jemandem sagen: ‚Statt dessen ißt du ab jetzt Knäckebrot mit Topfen!‘“ meint die Motivforscherin Dr. Helene Karmasin, Wien. „Nicht das Gewohnte und Übliche zu essen würde bedeuten:

- keine Identität,
- keine Heimat,
- nicht ‚wir‘. Es würde heißen:
- Außenseiter!“

Und weiter die Motivforscherin, die sich sehr eingehend mit der tieferen Bedeutung von Nahrungsmitteln befaßte und soeben eine Dissertation über den „kulinarischen Code in Günter Grass' ‚Der Butt‘“ abgeschlossen hat: „Gerade auf dem Gebiet der Ernährung versteht man zunehmend, daß man nichts verordnen kann! Man kann nur helfen, die gewohnten Werte zu behalten und raten, sie vernünftig abzuwandeln.“

Nahrungsbestandteile erhalten manchmal eine geradezu mythische, sagenhafte Bedeutung. Diese Bedeutung, die man sich selten wirklich bewußt macht, widerspricht oft, meist, eigentlich immer den „vernünftigen“, medizinischen Empfehlungen.

„Was man besonders gerne tut,
Ist selten ganz besonders gut.“

Wilhelm Busch

„DAS VERBINDE ICH MIT GENUSS“

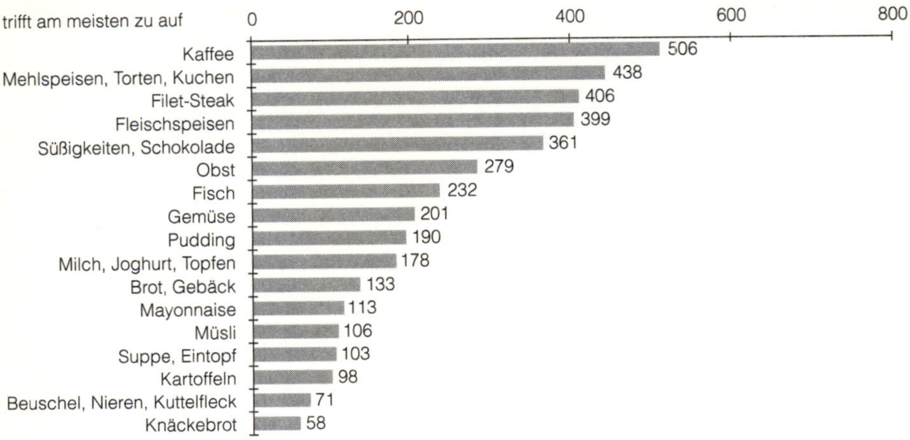

Die „stillen Bedeutungen“

Nahrungsmittel sind in einem gewissen Sinn Bedeutungsträger. Das altindische Medizinsystem Ayur Veda weiß das – im Gegensatz zu unserer Medizin – sehr genau und ordnet die Menschen nach ihrem vorherrschenden Geschmack. Welche „Geschmäcker“ jemand bevorzugt (oder im Gegenteil ablehnt), das sagt viel über seinen Charakter, seine Veranlagung, seine Konstitution aus, meinten die alten Inder.
Auch die Anfälligkeit für bestimmte Krankheiten hängt mit dem Geschmack zusammen, wenn man den jahrtausendealten Überlieferungen Glauben schenken will.

Für europäische Hausfrauen gibt es ein Grundinventar einer gut geordneten Küche, eine Rangliste von notwendigen Nahrungsmitteln, die unbedingt vorrätig sein sollten.

Es sind das:

- Fleisch;
- Fett;
- Milch und Milchprodukte;
- Gemüse;
- Obst;
- Mehl, Grieß, Haferflocken, Getreideprodukte;
- Brot, Brötchen;
- Eier;
- Zucker, Süßstoffe;
- Gewürze und Zusatzstoffe; und
- Getränke.

Dazu kommen Genußmittel und drogenartige Stoffe wie Schokolade, Kaffee, Tee, Alkohol.

„Fleisch gibt Kraft“ – Mythen in der Ernährung

Die Vorlieben für bestimmte Speisen (der eine bevorzugt eher Süßes, ein anderer mehr die pikante Art) hängen unter anderem mit gleichsam „stillen“ Bedeutungen zusammen, die wir den Lebensmitteln geben. Diese Bedeutungen sind meist ganz intuitiv, sie können auch erlernt sein und Familientradition wiedergeben: „Die Großmutter hat immer gesagt, daß Karotten gut für die Augen sind!“ Oder: „Eine gute Suppe öffnet den Magen!“ Oder: „Wenn sich mein Mann sehr anstrengen muß, bekommt er immer ein schönes Stück Fleisch. Dann braucht er Kraft!“

Manche Lebensmittel geben Kraft, andere sind gut für die Nerven, wieder andere besänftigen eher usw. Es gibt eine ganze Liste solcher Bedeutungen, die nicht wissenschaftlich überprüfbar sind. In der Überzeugung vieler Menschen ist es eben so, und basta!

Jahre, Jahrzehnte, ja sogar Jahrhunderte können sich solche Mythen halten. Daß Millionen Kinder mit Spinat geplagt werden, geht zum Beispiel auf eine falsche Messung des Eisengehalts im Spinat zurück, die um die Jahrhundertwende publiziert wurde. Seitdem glaubt man zu wissen, daß Kinder Spinat für ihren Körperaufbau brauchen – kein noch so fundiertes Gegenargument konnte bisher diesen festen Glauben erschüttern.

Einige Beispiele für solche Bedeutungen von Nahrungsmitteln sollen nun folgen:

FLEISCH

Fleisch wird mit

- Kraft,
- Vitalität,
- Potenz,
- Energie und
- Dynamik

gleichgesetzt.

Zum Begriff Fleisch fällt den meisten Menschen aber auch ein:

- Aggression,
- Töten,
- teuer, hochwertig,
- Zentralität.

Fleisch ist in der westlichen Kultur von zentraler Bedeutung. Es steht bei den meisten Mahlzeiten im Mittelpunkt. Nicht umsonst nennt man die jeweiligen Gemüse, Kartoffeln usw. **Beilagen**. Sie liegen **beim** zentralen Gericht, dem Fleisch.

„DAS VERBINDET MAN AM EHESTEN MIT MÄNNLICH"

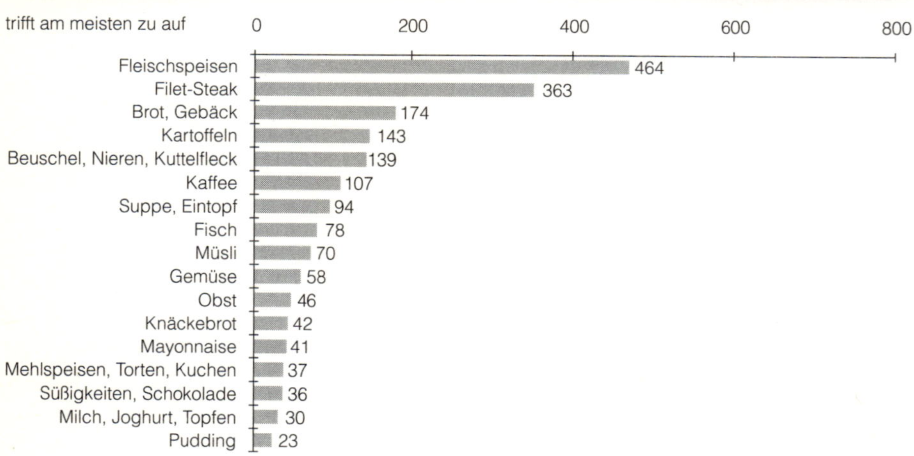

100 Prozent zuviel Cholesterin

Diese Sitte ist dafür verantwortlich, daß durchschnittlich doppelt soviel Cholesterin gegessen wird wie empfohlen (Cholesterin ist ein Fettstoff, der unter anderem in den Blutgefäßen abgelagert wird, wo er diese verengt oder sogar verschließt, bis zum Infarkt, dem kompletten Verschluß).

Fleisch wird dem „Männlichen“ zugeordnet, man nimmt an, daß sein Genuß bestimmte Körperqualitäten mit sich bringt: sehnig, muskulös, hart, kräftig.
Fleisch hat für viele Menschen in seiner verborgenen Bedeutung auch etwas mit Lust zu tun. Sexuelle Triebe nennt man „Fleischeslust“.
Fleisch ist auch ein Statussymbol. Man kann mit Fleischgerichten immer noch zeigen, daß „man es sich leisten kann“.

Diese Bewertungen sind nicht immer gleich – sie wandeln sich je nach den vorherrschenden Moden. Derzeit nimmt die hohe Wertschätzung des Fleisches stark ab. Zunehmend viele Menschen schätzen eher die vegetarische Kost, mit viel Gemüse und Salaten.

Gerade unter den älteren Semestern aber – und die stellen einen Großteil der Typ-II-Diabetiker – ist die Vorliebe für Fleisch nach wie vor ungebrochen.

Verzicht auf Fleisch = Verzicht auf Leben!

Kann man jetzt besser verstehen, was es für einen älteren Diabetiker bedeutet, auf Fleisch verzichten zu müssen, wie ihm das der Arzt vielleicht pauschal (wegen der hohen Cholesterinwerte, wegen der zu hohen Blutfette und auch wegen des Übergewichtes jetzt entsprechend den neuen Diabetesernährungsempfehlungen) verschreibt?

Er hat ohnedies mit zunehmendem Alter auf immer mehr Attribute des Männlichen, Kräftigen verzichten müssen. Wegen der Blutdruckmedikamente, die er wahrscheinlich nehmen muß (rund 60 Prozent aller Typ-II-Diabetiker haben zu hohen Blutdruck) hat die sexuelle Potenz vielleicht nachgelassen (Betablocker haben unter anderem auch diese Wirkung). Der Arbeitsplatz und damit die Arbeitskollegen fallen seit der Pensionierung oder in der Rente großteils weg. Die Bestätigung, daß man der Geldbringer der Familie ist, ist schwach geworden seit man tagsüber zu Hause herumsitzt oder im Park Karten spielt oder im Gasthaus den Stammtisch unsicher macht.
Ein Attribut des aktiven, arbeitenden, wertvollen Familienvaters nach dem anderen ist weggefallen – und nun soll man auch auf Fleisch verzichten, das immer noch Illusionen vermitteln konnte, wenigstens teilweise als eine Art Ersatz für verlorengegangene Kräfte!

Ein solches Opfer kann man nicht verlangen. Daher sagen die neuen Richtlinien auch nicht, man sollte Fleisch ganz weglassen. Sie sagen, man sollte es reduzieren. Und wenn man nur ein- bis zweimal pro Woche Fleisch ißt, kann man sich an diesen „Festtagen“ entsprechend große Stücke leisten.

PFLANZEN

Was verbinden die meisten Menschen mit Pflanzen als Nahrung?

- Sättigung,
- Gesundheit,
- Frieden,
- Hegen und Pflegen,
- langsam und sanft.

Pflanzen zählt man zum Bereich des „Weiblichen“. In vielen Gerichten nehmen pflanzliche Nahrungsmittel nur eine Randexistenz ein, sie sind nur am Rande wichtig. Wirklich wichtig sind Beilagen wie Kartoffeln und Reis. Gemüse, wie etwa Kohl, Bohnen oder Erbsen, werden meist nicht sehr hoch geschätzt.

„DAS VERBINDET MAN AM EHESTEN MIT WEIBLICH“

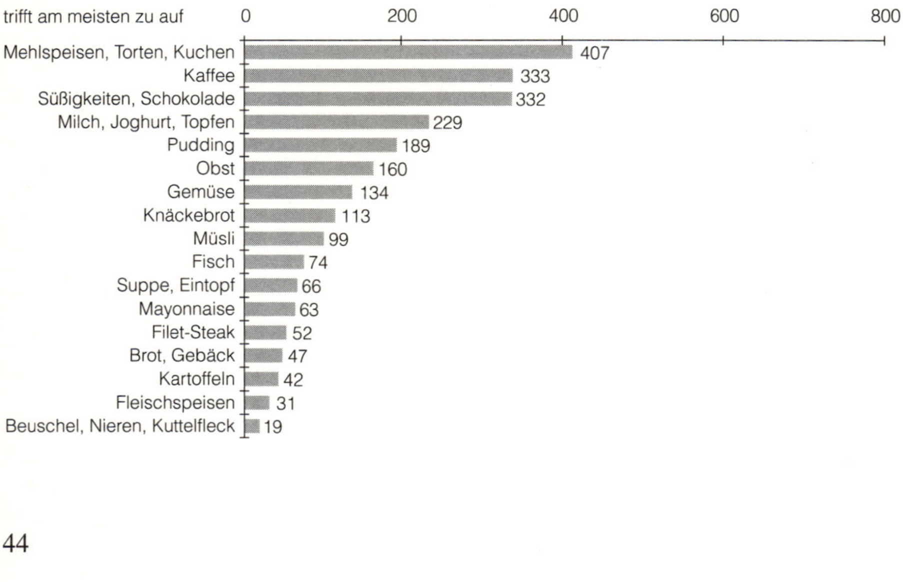

Pflanzliche Nahrungsmittel gelten als vergleichsweise billig, man wird durch sie satt, aber nicht kräftig. Die damit oft verbundene Körperqualität ist eher weich, „mollig". Muskelzuwachs ist bei überwiegend pflanzlicher Nahrung entsprechend der Phantasie der meisten Menschen nicht zu erwarten. Daß das eine ganz falsche Vorstellung ist, zeigt das Beispiel der heute modernen Ernährung für Spitzensportler, wie es ja bereits zu lesen war (siehe Seite 19 ff.).

Kurze Zwischenzusammenfassung

Fleisch wird mit „Männlichkeit" verbunden, mit Stärke, auch mit Aggression – alles Werte, die, innerhalb von Grenzen, in unserer Kultur hochangesehen und erwünscht sind.

Pflanzliche Nahrung dagegen wird eher mit den Begriffen „schlapp, weiblich" (wobei „weibisch" nicht fern ist), aber auch mit „billig" verbunden.

Vegetarier sind seit langem (auch heute noch, in Männerrunden am Stammtisch) Zielscheiben des Spotts. Was ein richtiger Mann ist, wird sich doch nicht auf „Nahrung für Zahnlose" einlassen – diese Meinung hört man oft. Die Verfechter diverser Kampagnen für weniger Cholesterin beißen sich an Vorstellungen wie diesen die Zähne aus. Pflanzliches ist angeblich etwas „für Weiber und Kinder".

FETT

Ähnlich verhält es sich bei Fett und Milch sowie Zucker. Diese Nahrungsbestandteile gelten als „Bindemittel". Die Funktion des Fettes ist es, zu verbinden, etwa in Form einer Sauce auf dem Teller. Fleisch kann durch Fett, in welcher Form auch immer, mit Nicht-Fleisch verbunden werden, Fett kann ebensogut Basis einer pikanten wie die einer süßen Speise sein. Eigentlich ist Fett Geschmacksträger, und die Klage über die „modernen" mageren Schweine, die „nach gar nichts mehr schmecken", ist eine Klage über mangelndes Fett.

Fett verbindet man intuitiv mit

- Genuß,
- Geschmack,
- Wärme,
- Mütterlichkeit,
- Trost (das warme, tröstende Fett); aber andererseits auch mit

- gewöhnlich,
- schlabbrig,
- „geil“ (im österreichischen Sprachgebrauch wird eine sehr fette Torte als geil bezeichnet, was auf die enge Verbindung von Fett und Sexualität hinweist), und
- ekelig.

Ein vielseitiger Begriff

Fett ist ja nicht bloß ein Begriff, der im Zusammenhang mit Nahrung eine Rolle spielt. Übergewichtige werden – ziemlich unhöflich – auch als „Fette“ bezeichnet. Für Frauen ist Übergewicht ein ganz besonderes ästhetisches Problem, denn wenn man einem Mann Übergewicht allenfalls noch als „kräftig“ durchgehen läßt, ihn eventuell sogar wegen seiner Statur bewundert, haben es Frauen in der gleichen Situation schwerer. Sie gelten als wenig attraktiv, man sagt, sie lassen sich gehen, sie leiden selbst unter ihrem Körpergewicht, das so gar nicht den eigenen Idealvorstellungen entspricht.
Fett ist also ein besonders vielseitiger Begriff, mit vielen Gesichtern und Facetten.
Fett spielt in den neuen Empfehlungen für Diabetiker eine Zentralrolle. Es sollte möglichst reduziert werden. Das ist nicht leicht, denn derzeit sind die Deutschen, Österreicher und Schweizer gewohnt, etwa doppelt soviel Fett, wie empfohlen wird, gesund und notwendig ist, zu essen.

„DA KANN ICH SCHWER WIDERSTEHEN, DAS MUSS ICH MANCHMAL HABEN“

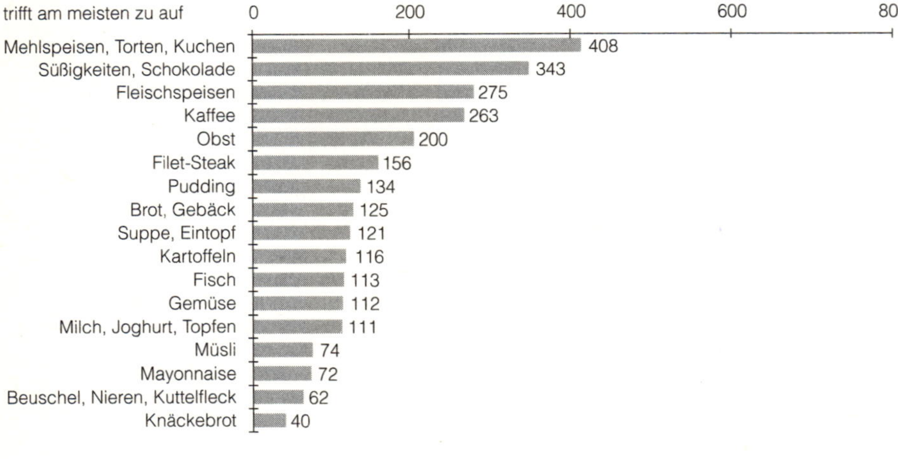

Fett ist Hochgenuß

Es ist das aber kein Wunder. Als Schlagsahne/Schlagobers, als Crème fraîche, als Öl usw., als Butter, als Schmalz ist sein Verzehr mit hohem Genuß verbunden. Es ist auch Hauptbestandteil vieler süßer Speisen, die dadurch attraktiv sind, daß man sie nicht beißen muß: Brei, Cremes, Tira mi su, weiche Torten – alles was man als „unfunktionalen Genuß" bezeichnet: Fürs Überleben nicht unbedingt notwendig, aber köstlich. Wegen des Energiegehalts oder irgendwelcher ominöser Vitamine ißt man solche Sachen sicherlich nicht.

Man ißt sie, weil sie schmecken, und sie schmecken, weil sie sehr eindeutig die Fundamente des Geschmacks ansprechen: „Süß" ist schon für das kleine Kind der Geschmacksreiz Nummer eins, und wer läßt sich nicht gerne hin und wieder in die Erlebniswelt des kleinen Kindes zurückfallen, das nicht beißen und nicht kauen muß, das nur schluckt und genießt ..., das den Mund voller Schokolade hat, die mit viel Flüssigkeit hinuntergespült wird.

Ein Ersatz muß gut schmecken

Süße Speisen dieser Art waren und sind für Sie als Diabetiker leider eher in die Ferne gerückt, und zwar bisher vor allem wegen der Süße, weniger wegen des Fettgehalts. Heute haben Sie doppelten Anlaß, diese Köstlichkeiten zu meiden oder zumindest stark zu reduzieren, da Fett für Diabetiker (speziell in Form „gesättigter Fettsäuren", wie sie im tierischen Fett gehäuft vorkommen) noch um einiges gefährlicher ist als für Nicht-Zuckerkranke. Weil damit ein ganz besonders sensibler Bereich angesprochen wird – man verlangt nicht mehr und nicht weniger als den Verzicht auf das besonders Gute, besonders Wohlschmeckende –, muß man einen Ersatz anbieten, der nicht nach Ersatz schmeckt. Unsere Rezepte geben Beispiele dafür, daß man die gewohnten Speisen, auch Süßspeisen, so zubereiten kann, daß sie kein schlechtes Gewissen verursachen.

Alles was bisher so leicht von der Hand ging: Dick Butter aufs Brot, der berühmte reichlich bemessene Kreis mit der Ölflasche über den Salat, fettreiches Panieren oder Frittieren – all das sollte verändert, an die neue Situation angepaßt werden.

BROT

Brot hat kulturell gesehen – das ist von alters her so – die Bedeutung von „Frieden“ und „Sattessen“.
Brot im Haus haben heißt: Prinzipiell kann nichts passieren, verhungern werden wir nicht! In seiner „stillen“, unbewußten Bedeutung ist das Brot dem Fleisch entgegengesetzt: Fleisch steht für Aggression, auch für Gier und Blut. Brot steht für Ruhe, Pflanzliches, Bescheidung.

Es ist eine sehr archaische, also uralte Assoziation aus Zeiten und Kulturen, in denen man nicht so sicher sein konnte wie heute in den Industrieländern, auch am kommenden Tag satt zu werden, daß viel Menschen nach wie vor große Scheu haben, Brot einfach wegzuwerfen. Brot ist etwas, das man weiterverwerten sollte – vielen Menschen, die noch den letzten Weltkrieg erlebt haben, sitzt diese Erfahrung in den Knochen. Ihnen tut es einfach weh, wenn sie sehen müssen, wie mit Nahrung, und ganz speziell mit Brot, aber auch mit dem „nahrhaften“ Fett, oft umgegangen wird.

„Broteinheit“ – eine deutsche Spezialität

Daß man den Kohlenhydratgehalt von Nahrung ausgerechnet im deutschen Sprachraum in „Broteinheiten“ mißt, hat sicher auch damit zu tun. Nirgendwo sonst gibt es diesen Begriff. Zwölf Gramm reine Kohlenhydrate – das ist eine Broteinheit (BE; siehe auch: Nährwerttabelle ab Seite 201). Ein Produkt mit 120 Gramm Kohlenhydraten entspricht also zehn BE.

Brot ist ein Grundnahrungsmittel, vielleicht das Grundnahrungsmittel schlechthin. Allerdings gibt es in der Kategorie Brot viele Unterteilungen: Weißbrot, Schwarzbrot, Grahambrot, Vollkornbrot, Semmeln, Brötchen, Weckerln usw. — bis hin zu Feinheiten wie *Wachauer* (das sind große Brötchen aus festerem Teig mit einer sehr knusprigen Rinde), *Croissants* (also die in Frankreich, Italien und der Schweiz heimischen Hörnchen), Butterkipferln, Toastbrot, *Baguettes* (die langen schmalen Weißbrotstangen der Franzosen), dem weißen, weichen Brot der Italiener, wie man es vom Urlaub kennt, meist gefüllt mit Salaten, Thunfisch und dergleichen – es gibt wahrscheinlich Hunderte verschiedene Brotarten.

Es ist nicht gleichgültig, welches Brot man ißt. Es ist nicht gleichgültig, wenn man es in Broteinheiten rechnen muß (manche Brotarten werden sehr schnell verdaut und gehen als Glukose rasch ins Blut, andere brauchen dazu viel länger), es ist aber auch nicht gleichgültig für den Menschen an sich, für seine Gewohnheiten, Stimmungen, Einstellungen.

Vollkornbrot bedarf guter Zähne

Vollkornbrot, wie es heute modern geworden ist, hat zwar einen Siegeslauf hinter sich, es gilt als speziell gesund, als ballaststoffreich, als „kernig“, als wertvoll – das trifft aber vor allem auf jüngere Menschen zu.
Ältere Semester schätzen Vollkornbrot weniger, bei allen gesunden Eigenschaften, die es hat. Das ist auch verständlich: Wer bereits ein wenig mit den Zähnen zu „kämpfen“ hat, wird Speisen, die man intensiv kauen muß, nicht gerade schätzen. Beim Vollkornbrot ist das aber der Fall. Da kann es sogar vorkommen, daß sich ganze, harte Körner erhalten haben, die dann in Zahnlücken wandern und nur mehr schwer zu entfernen sind.
Ältere Menschen vermeiden unnötiges Kauen gern, greifen eher zum Unkomplizierten, Weichen.

Hier liegt wieder ein typischer Stolperstein für Gesundheitsempfehlungen und Diätratschläge: Es mag zwar sein, daß Ballaststoffe gesund sind — wenn sie aber das Wohlbefinden während der Nahrungsaufnahme empfindlich stören, wird man sie eher vermeiden.
Speziell beim Frühstück will man (Assoziation mit dem eben erst verlassenen Bett?) etwas Gemütliches, Weiches, Warmes, zum Beispiel Brötchen/Semmeln, leicht aufgebacken im Herd.
Vollkornbrot, das ist etwas für Menschen ähnlich den „Verkühle-Dich-täglich“-Fanatikern – so denken viele. Beißen, sich mit der Nahrung abkämpfen? Das will man in der Früh nicht.

Alle gut gemeinten „Umerziehungs-Feldzüge“ im Dienste der Gesundheit werden sich im wahrsten Sinn des Wortes am natürlichen Komfortbedürfnis der Menschen die Zähne ausbeißen, wenn sie diese Gesetze nicht akzeptieren.

Zusammenfassung

Fleisch, Fett, Brot usw. – das sind nicht bloß Energieträger, es sind auch Bedeutungsträger. Fleisch steht für Stärke, Aggression, für das Männliche. Brot wird oft mit Frieden assoziiert, mit Häuslichkeit.
Diätratschläge müssen solche Bedeutungen beachten, wollen sie Erfolg haben.

GENUSS UND VERNUNFT – ZWEI PAAR SCHUHE

Genuß – das hat nicht immer viel mit Vernunft zu tun. Manchmal liegt der Genuß gerade darin, gegen die Vernunft zu verstoßen.

Sie haben das Wilhelm-Busch-Zitat auf Seite 39 ja schon gelesen. Sicher wissen Sie von sich viele Beispiele, von Kindheit an, da Sie mit mehr oder weniger schlechtem Gewissen gegen Gebote verstoßen haben – so etwas macht Nervenkitzel, so etwas kann sehr lustvoll sein.

Verbotene Dinge haben ihren besonderen Reiz.

Diabetes und Sünde

Sie haben es schon gemerkt: Die Rede ist von der„Sünde".
Diabetiker reden viel von Sünde. Ihnen wird ja auch sehr viel verboten. Es ist also kein Wunder, wenn sie bei den vielen, oft sehr engen Grenzen, die um sie gezogen werden, immer wieder einmal diese Grenzen verletzen und „sündigen".

Mehr oder weniger tun das alle Menschen – auch beim Essen. Es gibt eine Reihe von Untersuchungen, die eines deutlich zeigen: Die meisten Menschen wissen sehr genau, was gesund ist und was nicht. Sie wissen also exakt, was vernünftig wäre. Sie halten sich aber trotzdem nicht daran.

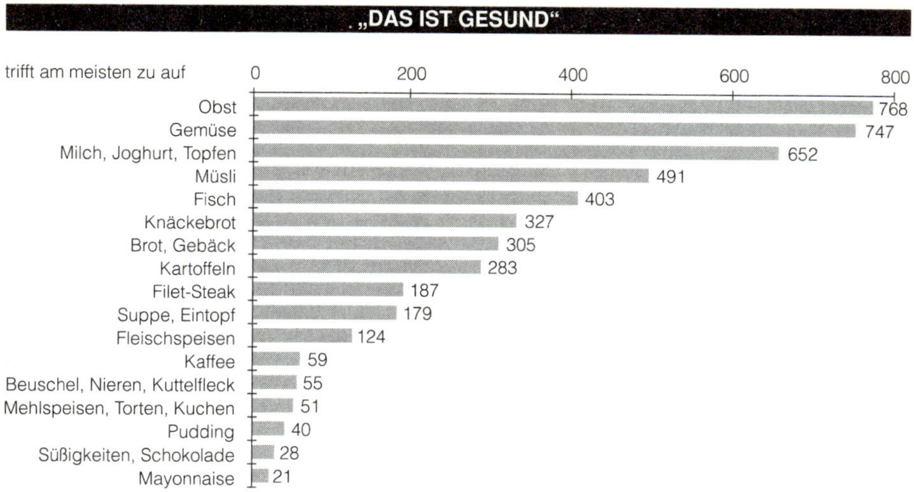

Zehn Fragen

Dr. Helene Karmasin publizierte in ihrer Dissertation die Ergebnisse von Befragungen von mehreren Hundert repräsentativ ausgewählten Erwachsenen. Sie legte Listen mit 17 Typen von Nahrungsmitteln vor, von Fleischspeisen bis zu Süßem, Torten, und Kuchen. „Auf welche Speisen trifft die folgende Aussage am ehesten zu?“ lautete die Frage, und sie machte dann zehn Aussagen, und zwar:

- Das gibt Kraft (19).
- Das verbinde ich mit Genuß (40).
- Da kann ich schwer widerstehen, das muß ich manchmal haben (46).
- Das ist gesund (siehe oben).
- Das ist gut für Gäste / wenn man etwas Besonderes bieten will (23).
- Das lehne ich ab, das mag ich nicht.
- Davon wird man dick (33).
- Das ist „Alltag“.
- Das verbindet man am ehesten mit männlich (42).
- Das verbindet man am ehesten mit weiblich (44).

Eine Auswahl der Ergebnisse können Sie den Grafiken (in der Klammer finden Sie die jeweilige Seitenangabe) entnehmen.
Am auffallendsten aber ist:

Was man gerne ißt, ist ungesund

Die üblichen Klischees von kraftspendender Nahrung treffen zu: Fleisch, aber auch Brot und Brötchen sowie Milch und Milchprodukte gelten als speziell kräftigend.
Jetzt aber kommt's: Genußreiche Nahrung, der man schwer widerstehen kann, die man auch Gästen als „etwas Besonderes" vorsetzt, das sind immer die gleichen Speisen: Süßes, Kuchen, Torten, Kaffee, Fleischgerichte ...

Sehen Sie sich jetzt an, welche Antworten man auf die Frage: „Was ist gesund?" bekommt. Alle diese hochgeschätzten Speisen rangieren in der Liste weit unten, um bei „Das macht dick" wieder ganz oben zu stehen.

Das heißt also: Die Menschen wissen ganz genau, was ungesund ist und dick macht. Gleichzeitig sind das aber die Kostbarkeiten der Tafel, die Spezialitäten für Leckermäuler, die hochgeschätzten Gerichte.

Diabetikerwaren – sündhaft teuer

Eine Diskrepanz, die nicht auszuräumen ist? Wir meinen doch!
Bisher ist es der Industrie nicht gelungen, wirklich schmackhafte, aber trotzdem gesunde Nahrung anzubieten – vielleicht wollte sie es auch nicht, weil Interessen in eine andere Richtung vorherrschen. Schließlich müssen Zucker-, Butter- und Fleischberge verkauft werden, auch Milchseen und Fetteiche. In letzter Zeit gibt es aber auch hier Anzeichen für ein Umdenken.

Diabetiker wissen ein Lied davon zu singen, wie sündhaft teuer ihre Spezialprodukte (siehe auch: Seite 64) sind – Diabetikerkonfitüre zum Beispiel kostet pro Glas zwar etwa gleich viel wie „normale" Konfitüre, dafür ist im Glas aber auch nur halb soviel enthalten.
Entweder teuer oder, sagen wir es höflich, zweifelhaft im Geschmack – das waren bisher die Alternativen für Diabetiker.

Mit den neuen Empfehlungen für Diabetiker beginnt sich aber auch hier die Szene zu lockern. Vieles ist jetzt erlaubt, was bisher verboten war.

Erlaubte „Sünden" verlieren an Reiz

Wer Erfahrung mit der Sünde hat (und wer hat die nicht?), weiß, daß Sünden ihren Reiz zu verlieren beginnen, wenn sie nicht mehr verboten sind.

Insulinabhängigen Diabetikern ist das bereits bekannt, zumindest jenen, die nach der *NIS-Methode* leben. Dabei wird Insulin so gespritzt, daß die normale Tätigkeit der Bauchspeicheldrüse imitiert wird. Diese Diabetiker können sich

viel „erlauben“, was bisher strengstens verboten war. Sie können in die Konditorei gehen und dort die verruchtesten Süßigkeiten essen, wenn sie wollen. Vorher berechnen, das entsprechende Quantum Insulin spritzen, ein wenig warten, und los geht die Schlemmerei.
Allerdings: Nach dem ersten Rausch der Freiheit, da man sich durch Kardinalschnitten, Sachertorten und Baiser mit Schlag kämpft, hört der Trieb zu Süßem bei vielen auf. Eben: Was erlaubt ist, wird gewöhnlich, ist nicht mehr außergewöhnlich, muß nicht mehr ersehnt und in der Phantasie ausgeschmückt werden.

Ähnlich wird es jetzt Typ-II-Diabetikern gehen. Für sie fiel bisher durch die Diagnose „Diabetes“ und die darauffolgenden Vorschriften des Arztes scheinbar alles weg, was die Nahrung bisher genußreich gemacht hatte.
Man kann aber Menschen nicht permanent von allen Genußquellen abschließen. Sie halten sich nicht daran, und das Ergebnis ist schlechter, als hätte man von vornherein die Zügel ein wenig lockerer gelassen.

Tadel und Mahnung

Woran liegt es, daß mit Diabetikern oft so streng umgegangen wird? Es ist auffallend, wie häufig Ärzte den mahnenden Zeigefinger erheben und Tadel aussprechen. Es gibt eine ganze Palette von Kontrollmaßnahmen, um zu sehen, ob Diabetiker „brav“ gewesen sind oder nicht.
„Herr Doktor, ich verspreche Ihnen, künftig braver zu sein!“ – ein gar nicht so selten zu hörender Kniefall in der ärztlichen Praxis.

Der Kranke hat „Lustverbot“

„Der Mensch braucht eigentlich keine Lust – und der kranke Mensch schon gar nicht!“ Diese stark moralisch-religiös gefärbte Einstellung ist es, die Kranksein irgendwie mit Sühne, mit Askese verbindet. „Der Kranke braucht jetzt all seine Kräfte, um wieder gesund zu werden. Da werden wir doch keine Energie an solche Nebensächlichkeiten wie Geschmack oder gar – *horribile dictu!* –Lust verschwenden!“

Man kennt das aus dem Krankenhaus: Dort geht es puritanisch zu, auch wenn die Spitäler heutzutage meistens nicht konfessionell geführt, sondern aus öffentlichen Mitteln bezahlt werden.
Das Lustverbot für Kranke ist eben eine alte Tradition, teilweise auf die Antike, auf die Heilstätten des Asklepios zurückgehend, als der Kranke alles Persönliche am Eingang ablegen mußte, einen Einheitskittel verpaßt bekam und dann zur „Sammlung“, zum „Heilschlaf“, zur Therapie ging.

Ernst hat der Kranke zu sein. Krankheit ist kein Spaß. Lust hat aber mit Spaß zu tun – daher verbannen wir die Lust aus der Krankenbehandlung.

Leidvoll blicken viele Millionen Menschen auf die meist schon häufig „genossene", und daher gut bekannte Krankenhauskost zurück: Zerkochte Nahrung, relativ lieblos angerichtet, häufig nicht mehr frisch, aus einer Zentralküche stammend, vor allem aber unter Bedingungen eingenommen, die alles andere als appetitanregend sind: vielleicht unter Schmerzen, auf jeden Fall mit Sorgen, häufig im Nachthemd oder Pyjama, in einem Raum mit wildfremden Menschen, mit dem Geruch des Krankenhauses in der Nase.

„Hier geht's rational zu!" – das ist die Botschaft. „Ihr sollt nicht glauben, Euren Zustand auf die leichte Schulter nehmen zu können!"

Krankenhaus und Haubenkoch

Paradoxerweise weiß die Medizin gleichzeitig sehr genau, wie wichtig Lebenslust für die Genesung sein kann. Sie weiß es von zahlreichen Untersuchungen aus der Psychosomatik, sie weiß es aber auch aus der Praxis des Spitalalltags, nämlich von dort, wo Patienten es sich leisten können, für die Deckung ihrer privaten Bedürfnisse zu zahlen.

Privatanstalten bieten Hotelservice: nicht nur Einzelzimmer mit Telephonanschluß und allerlei sonstigem Komfort, nein, auch die Wahl zwischen verschiedenen Speisen — Krankenhausessen à la carte.

In Hochglanzprospekten wird damit geworben, wie gut die Küche im Haus sei, einige Spitäler glänzen sogar mit Spitzenköchen, so daß man gute Lust bekäme, auf ein Diner ins Spital zu kommen ...

Gute Nahrung für Kranke – eine Luxusware? Im Verständnis der derzeitigen Medizin, ja!

„Dahinter steckt eigentlich eine furchtbare Anthropologie!" meint die Motivforscherin Dr. Helene Karmasin. „Der kranke Mensch wird aus der Gemeinschaft der sogenannten normalen Menschen ausgeschieden, auch in Bereichen, wo das durch Krankheit und Therapie überhaupt nicht gerechtfertigt erscheint. Er darf eigentlich kein normaler Mensch mehr sein. Der wissenschaftliche Diskurs kaserniert ihn, wendet verschiedene Disziplinierungstechniken an. Historisch gesehen ist die Struktur der Klinik ja in einem Zusammenhang zu sehen mit der Art, wie man auch mit Verbrechen und Wahnsinn umging."

Eigentlich ist es also kein Wunder, wenn sich Diabetiker mit Händen und Füßen dagegen wehren, als „Kranke" abgestempelt zu werden. Durch die Zuweisung einer speziellen, auf jeden Fall aber kargen Nahrung werden sie als „Kranke" abgestempelt. Mit dem Bewußtsein, permanent aus der üblichen menschlichen Gesellschaft ausgeschlossen zu sein, und sei es auch nur in Teilbereichen, kann niemand gut leben.

Zusammenfassung

„Sündigen" hat für Diabetiker eine besondere Bedeutung. Mit dem Arzt gleichsam Versteck zu spielen, das ist Alltag für viele Zuckerkranke: In der Überschreitung von Vorschriften steckt ein besonderer Reiz.
Genuß und Vernunft gehen nur selten Hand in Hand. Was Menschen besonders gerne essen, ist nur selten auch das, was sie selbst für gesund halten. Die „gesunden" Nahrungsmittel sind in der Wertschätzungshierarchie sehr tief angesetzt.

Im Krankenhaus als Spitze des medizinischen Systems vertritt man die Auffassung, wer krank sei, habe „keine Zeit" für Lustvolles. Dementsprechend schmeckt die Krankenhauskost häufig – kein sehr gutes Vorbild für Diabetiker, denen im Spital vorgeführt wird, wie Diabetikerkost eigentlich nicht schmecken sollte.

VOM FRUST MIT DER DIÄT HEUTE

Im Alltag von an Diabetes des Typ II (Altersdiabetes) erkrankten Menschen gibt es „typische“ Schwierigkeiten. Sie zu kennen ermöglicht es, sie zu beachten und womöglich zu vermeiden.
Solche typischen Schwierigkeiten, oder Fehler, beziehen sich oft auf das Essen, das ja bei der Diabetesbehandlung einen hohen Stellenwert einnimmt.

Zu überdenken sind folgende Punkte:

- die Regelmäßigkeit der Nahrungsaufnahme;
- Einsamkeit, allein zu leben – man schaut nicht mehr auf sich;
- die Diät erscheint oft kompliziert;
- die Umstellung der Gewohnheiten geht zu schnell;
- mangelndes Körperbewußtsein – ein spezielles Problem älterer Menschen;
- mangelndes Vertrauen zu sich selbst, Obrigkeitshörigkeit;
- Frauen mit Diabetes „gehen oft unter“ im Familienleben;
- Diabetikerwaren werden nicht „angerechnet“.

Diese Liste ist nicht vollständig, greift aber jene Themen heraus, die besonders oft zu Mißverständnissen führen.

REGELMÄSSIGES ESSEN

Außerhalb der Hauptmahlzeiten achtet man normalerweise nicht darauf, wann man was zusätzlich ißt – es ist ja auch nicht sonderlich wichtig, es sei denn, man hat mit Übergewicht zu kämpfen und will abnehmen. Mit dem Diabetes ändert sich das schlagartig: Plötzlich wird es zum Zwang, erstens zu beobachten und zu kontrollieren (man darf ja nicht mehr alles essen), zweitens regelmäßig zu essen.

Regelmäßigkeit im Eßverhalten ist besonders für jene Diabetiker wichtig, denen nicht nur Diät, sondern auch Tabletten verschrieben wurden. Diese Mittel regen die Bauchspeicheldrüse an, mehr zu produzieren, es steigt der Insulinspiegel im Blut.

Nun kommt ein Mechanismus in Gang, dessen Auswirkungen jeder Mensch kennt: Nach starker körperlicher Anstrengung, wenn die Kraftreserven des Organismus erschöpft sind, wird man schwindlig, fühlt einen Druck im Kopf, leidet vielleicht sogar unter Sehstörungen. Das sind Anzeichen von zuwenig Zucker im Blut.

Der „Hypo“

Zucker muß ständig im Blut vorhanden sein, er ist Energielieferant Nummer eins, speziell für die Muskel- und Leberzellen sowie für das Gehirn.
Der Organismus sorgt daher immer – auch wenn man hungern muß – für ein Mindestmaß an Zucker im Blut, das gerade noch ausreicht, um die wichtigsten Funktionen aufrechtzuerhalten.
Wird dieses Mindestmaß unterschritten, kommt es zu den erwähnten Erscheinungen, man spricht hier von *Hypoglykämie*. *Hypo* bedeutet zu niedrig, *Glykämie* heißt Zucker im Blut (alle medizinischen Bezeichnungen, die mit *„-ämie“* enden, beziehen sich auf Blut: z. B. Anämie, Leukämie ...).
Hält die Hypoglykämie länger an, kommt es zum hypoglykämischen Schock, der unter Umständen sogar zu einer Ohnmacht führen kann.

Insulinspritzende Diabetiker kennen diesen Zustand sehr genau. Sie müssen ihn auch kennen, denn er ist die häufigste Komplikation in der Therapie ihres Zustandes.
Nicht insulinspritzende Diabetiker wissen manchmal nicht, was ein solcher hypoglykämischer Zustand oder Schock ist – und das ist ein Jammer, denn er bleibt ihnen, speziell wenn sie blutzuckersenkende Tabletten nehmen, nicht erspart. Warum? Das hängt damit zusammen, daß Insulin den Blutzuckerspiegel senkt.
Insulin ist ein Hormon, das normalerweise in der Bauchspeicheldrüse hergestellt wird. Insulin „verscheucht“ gleichsam den Zucker aus dem Blut, es senkt den Blutzuckerspiegel. Der Zucker „verschwindet“ in den Zellen, wo er als Energielieferant gebraucht wird.

Zwei Fehler

Es gibt nur zwei Fehlermöglichkeiten in diesem Mechanismus (Es gibt natürlich wesentlich mehr, aber in unserem Zusammenhang sind nur diese beiden wirklich wichtig.):

1. Es mangelt an Insulin.

2. Es ist ein Überschuß an Insulin vorhanden.

Fall eins ist das typische Vorstadium zu Diabetes: Es ist zuwenig Insulin vorhanden, oder das vorhandene Insulin wirkt nicht so, wie es soll (das kann an einem Defekt der Zellhülle liegen, die die Botschaft des Insulins nicht „versteht").
Was ist die Folge? Der aus der Nahrung aufgenommene Zucker (und der aus den aufgenommenen Kohlenhydraten im Stoffwechsel produzierte Zucker) bleibt großteils im Blut „liegen": **Der Spiegel des Blutzuckers steigt.**
Übersteigt er einen gewissen Wert, die sogenannte „Nierenschwelle", fließt Zucker in den Harn über, der Harn wird süß (durch den süßen Geschmack des Urins haben die Ärzte in früheren Jahrhunderten Diabetes festgestellt).
Warum ist das schlecht? Weil dadurch die Muskel- und Leberzellen, die dringend Zucker brauchen, einen Mangel erleiden: sie hungern.

Fall zwei ist die typische Komplikation des Diabetikers mit Tabletten, vor allem wenn er nicht regelmäßig ißt.
Wieso das? Durch die Tabletten wird die Bauchspeicheldrüse „angestachelt", mehr Insulin zu erzeugen und an das Blut abzugeben. Der Insulinspiegel steigt. Damit steigt aber auch die Wirkung des Insulins. Diese Wirkung ist, siehe Fall eins, die Förderung der Zuckeraufnahme durch die Zellen.
Als Folge sinkt der Blutzuckerspiegel ab.
Folgendes muß man also als Diabetiker wissen: Wenn man Tabletten nimmt, ist es notwendig, in regelmäßigen Abständen Nahrung zu sich zu nehmen, damit der Blutzuckerspiegel nicht zu stark absinkt. Wieviel und in welchen Abständen, das sollten Sie mit Ihrem Arzt, Ihrem Diabetesberater, mit der Diätassistentin oder in der Selbsthilfegruppe besprechen.

Abends Tabletten – nachts „Hypo"!

Ausgesprochen gefährlich kann es für ältere Menschen werden, die abends ihre Tabletten einnehmen. Während des Schlafes essen sie natürlich nichts, der Blutzuckerspiegel sinkt unkontrolliert und ungebremst, und es kann zu einem hypoglykämischen Schock kommen. Das mindeste, was da passieren kann, ist, daß man nach dem Aufwachen vorerst nicht auf den Beinen bleiben kann. Durch den starken Schwindel fällt man um – bei alten Menschen (Oberschenkelhalsbruch!) unter Umständen besonders gefährlich ...

Vielen Diabetikern wird es entweder nie gesagt, oder sie beachten es nicht weiter, jedenfalls sollten zuckersenkende Tabletten nur mit größter Vorsicht eingenommen werden.
Mit Vernunft und Einsicht allein ist aber auch dieses Problem nicht immer zu lösen. Praktiker machen oft die Erfahrung: „Es leuchtet den Leuten ein, trotzdem tun es viele nicht!"
Es gehört auch hier eine Lebensumstellung dazu, und die muß geübt werden. Übung ist in der Diabetiker-Schulung möglich, weswegen Diabetiker unbedingt darauf bestehen sollten, solch eine Schulung zu bekommen!

EINSAMKEIT

Wenn Sie Diabetiker sind und allein leben, kennen Sie das Problem: Für sich selbst viel Aufwand zu treiben „zahlt sich doch nicht aus“! Wenn Besuch kommt, ja! Dann kocht man auf, opfert viele Stunden des Einkaufens, des Zubereitens – aber „nur für mich“?

Vor allem alleinstehende ältere Frauen werden zum Opfer der Fehleinschätzung, daß das Leben doch schon vorbei sei.
„Mit dem Essen kommt der Appetit!“ lautet eine alte Weisheit.

Das Rezept dafür ist: Probieren Sie es doch einmal! Nehmen Sie sich für sich selbst so viel Zeit, wie Sie der Vorbereitung eines Gastmahles widmen würden – mit allen kleinen Aufmerksamkeiten (Servietten falten, schönes Besteck auflegen usw.). Vielleicht kommt er dann wirklich mit dem Essen, der Appetit!

Ein häufiges Mißverständnis kommt hier noch dazu. Nicht wenige Diabetiker sind durch die Diätvorschreibungen eingeschüchtert und haben den Eindruck, jetzt überhaupt nichts mehr zu dürfen. Sie kasteien sich dann wie Mönche und trauen sich nicht einmal, die vorgeschriebenen Broteinheiten zu essen.
Trotzdem nehmen viele nicht so ab, wie sie es sich wünschen würden – eine Folge des bisherigen unseligen Kreislaufes: Diabetiker sollen wenig Kohlenhydrate essen und steigen auf umso mehr Fett und Eiweiß um. Auch die „Verlegenheitsmahlzeiten“, die man üblicherweise ißt, wenn man sich nichts kochen möchte – belegte Brote, Würstchen usw. – sind meist besonders fettreich. Es kann also vorkommen, daß man den Eindruck hat, „sowieso nichts zu essen“, trotzdem aber nicht an Gewicht verliert oder vielleicht sogar zunimmt. Hier hilft nur gute Beobachtung und der jetzt empfohlene Umstieg auf höheren Kohlenhydratanteil in der Nahrung.

KOMPLIZIERTE DIÄT

Wie sieht denn die übliche „Karriere" eines Diabetikers aus? Erinnern Sie sich noch?

Es begann mit übermäßigem Durst, mit Müdigkeit, mit Sehstörungen. Man ging zum Arzt, der Diabetes feststellte.
Und dann?
Dann haben Sie ein Rezept in die Hand gedrückt bekommen (für Tabletten, die den Blutzucker senken) und auch ein Blatt Papier, eine Liste von Nahrungsmitteln, die in Gruppen geordnet waren: eine „Austauschtabelle".

Oder hat Ihr Arzt Ihnen ins Gewissen geredet, Ihnen empfohlen, jetzt Diät zu essen, die Broteinheiten zu reduzieren (auf acht bis zehn BE pro Tag) und auf diese Weise zu versuchen, zunächst ohne Tabletten auszukommen?

Gleichwie: Viele Diabetiker kennen sich mit den Anweisungen zur Diät überhaupt nicht aus. Sie können das Neue nicht in ihren Alltag einbauen, wissen damit nichts anzufangen.
Da Menschen verschieden sind und jeder individuell reagiert, gibt es auch hier mehrere Möglichkeiten: Manche Patienten lesen die Anweisungen, prägen sich die Austauschtabellen ein, halten sich übergenau daran. Andere wieder hören nur „Keinen Zucker mehr!", halten sich daran und stecken vor allem anderen den Kopf in den Sand.
Auch hier gilt wieder: Umstellungen müssen eingeübt werden. Anweisungen richten sich überwiegend an den Kopf, an den Verstand. Die Umsetzung in den Alltag erfordert aber weit mehr.

Der Nobelpreisträger Konrad Lorenz kannte diese Gesetzmäßigkeit sehr gut:

„Gehört heißt noch nicht verstanden,
verstanden heißt nicht unbedingt akzeptiert,
akzeptiert heißt noch nicht durchgeführt,
durchgeführt ist nicht immer richtig durchgeführt ..."

UMSTELLUNG NICHT ZU SCHNELL!

Nach der Grundinformation, wie das praktische Leben weitergehen soll, muß ein individueller Ernährungsplan ausgearbeitet werden (In der Nährwerttabelle ab Seite 201 finden Sie die detaillierten Angaben bezüglich der Nahrungsbestandteile.). Darin wird berücksichtigt, wie und was man bisher zu essen gewohnt war und inwieweit das beibehalten werden kann.

Weichen die neuen Richtlinien zu stark vom Gewohnten ab, werden sie selten eingehalten. Die zahlreichen Mißerfolge von Abmagerungskuren zeigen dieses „menschliche“ Gesetz sehr deutlich.

Entscheidend ist, daß laufend Nachkontrollen stattfinden: Das heißt, Arzt und/oder Diätassistentin und/oder Diabetesschwester und/oder Psychologe setzen sich immer wieder mit dem diabetischen „Schützling“ zusammen, und man berät gemeinsam, wie die Sache läuft, welche Schwierigkeiten auftreten und wie man sie beseitigen könnte.
Selbsthilfegruppen oder ein hilfreicher Freundeskreis können ebenfalls unterstützend wirken, aber nur, wenn Sachkundige darunter sind! Von Ratschlägen „aus dem Bauch“, also nur dem Gefühl nach, hat kein Diabetiker etwas, sie verwirren ihn nur.

MANGELNDES KÖRPERBEWUSSTSEIN

Mit zunehmendem Alter und umso mehr mit einer chronischen Krankheit ist die Versuchung groß, sozusagen „den Hut draufzuhauen“, sich zurückzuziehen, das Leben mehr oder weniger abzuschreiben. „Das ist gelaufen, ich habe nichts mehr zu erwarten, die ganze Lebensfreude ist mir genommen“ – so und ähnlich denken viele Diabetiker, und besonders viele ältere Diabetiker.

Diabetes-Experten machen immer wieder die Beobachtung, daß solch eine innere Einstellung auch viel damit zu tun hat, wie man seinen Körper spürt und berücksichtigt, ob man auf Körpersignale achtet. Beim Turnen zeigt sich das deutlich – lockere, rhythmische Bewegungen fallen vielen ganz besonders schwer, oft genieren sie sich auch regelrecht, Turnübungen zu machen.
Diabetiker bekommen oft die Empfehlung, viel zu turnen – das ist an sich sehr sinnvoll, denn Körperbewegung kräftigt die Muskeln und senkt den Blutzuckerspiegel. Viel Körperbewegung macht außerdem das Blut flüssiger – jüngste wissenschaftliche Untersuchungen haben gezeigt, daß Diabetiker, die regelmäßig Gymnastik machen, dünnflüssigeres Blut bekommen.

Jetzt können Sie sagen: „Mir ist das doch gleichgültig, ob mein Blut flüssig ist oder nicht!“ Ihnen ist es vielleicht gleichgültig – Ihren Blutgefäßen aber nicht. Die leiden unter „dickerem“ Blut und reagieren unter anderem, indem sie sich verengen. Wenn das Blut zähflüssiger ist, bildet sich leichter Arteriosklerose, und damit steigt die Gefahr von Infarkten.

Trotzdem: In der Praxis ist es oft ein Problem, den inneren Schweinehund zu überwinden und Gymnastik zu machen. Zu Hause, allein, da macht es keinen

Spaß. In der Öffentlichkeit, im Park, auf der Straße? „Da halten einen die Leute ja für verrückt!“ In Gesellschaft? Da geht es noch am ehesten, aber man muß zuerst einmal Gesellschaft finden, und das ist für viele alleinstehende Menschen nicht einfach.

OBRIGKEITSHÖRIGKEIT

Mit einer Krankheit zu leben erfordert einiges an Kraft, Überwindung und Selbstvertrauen. Nicht immer haben Menschen diese Stärke.

Das Medizinsystem füllt diese Lücke aus, wo es nur geht, und kommt den Patienten entgegen. Tabletten und andere Hilfsmittel werden angeboten, die helfen sollen, mit Problemen besser fertig zu werden.
Dadurch wird allerdings auch die Bequemlichkeit gefördert: „Wenn es mit Tabletten geht, wozu soll ich mich kasteien?“ Die Antwort wäre ganz einfach: weil alles seinen Preis hat. Die „Heinzelmännchen“ in den Tabletten helfen zwar momentan, aber längerfristig gesehen quetschen sie die Bauchspeicheldrüse aus, sie bringen sie auf Trab, so daß sie früher ermüdet, als hätte man auf die Pillen verzichtet. In diesem Stadium bleibt nur noch: Insulin künstlich zuführen. Der Arzt sagt dann: „Jetzt hilft nichts anderes mehr – wir müssen auf Insulin umsteigen!“ Die Lebensumstellung, die jetzt erforderlich wird, ist um vieles gravierender und unangenehmer als nur konsequente Diät und Körperbewegung, die auch dem insulinpflichtigen Diabetiker nicht erspart bleiben!

Tatsache ist, daß viele Diabetiker ihre ganze Hoffnung, ihr ganzes Vertrauen in die Hand des Arztes legen und diesen damit überfordern. Wenn der Diabetiker alle viere von sich streckt und zum Arzt sagt: „Jetzt mach' mal!“, bleiben kaum andere Möglichkeiten als künstliche Hilfe von außen: Tabletten.
„Tun Sie doch was!“ – diese Aufforderung hören Ärzte oft. Der Trend geht heute aber in die andere Richtung: „Sagen Sie mir, was ich tun soll!“

FRAUEN „GEHEN UNTER“

Männer und Frauen haben ihre geschlechtsspezifischen Probleme mit dem Diabetes, vor allem mit der Einhaltung der Diabetesdiät.
Das hängt mit den unterschiedlichen gesellschaftlichen Rollen zusammen. Bei den älteren Herrschaften, die den Großteil der Typ-II-Diabetiker stellen, gilt

nach wie vor das alte Rollenmuster: Der Mann arbeitet (sofern er nicht schon in Pension ist), die Frau besorgt den Haushalt.

Aber auch wenn die Frau ebenso berufstätig ist, sind innerhalb der Familie die Rollen unterschiedlich verteilt – die europäische Familie ist traditionell von ihrer Struktur her auf den Mann als Oberhaupt ausgerichtet (auch wenn die Fäden im Hintergrund vielleicht ganz anders gezogen werden).
Daher: Wenn der Mann an Diabetes erkrankt, stellt sich die ganze Familie viel eher um, als wenn die Frau daran erkrankt.

In der Zwickmühle

Frauen, die an Diabetes leiden, müssen häufig „ihr eigenes Süppchen kochen". Damit stecken sie im Dilemma: einerseits für die Familie kochen (und zwar meist durchaus nicht diabetesgerecht!), andererseits für sich selbst eine Spezialkost zubereiten ...
Vielen Frauen ist das einfach zu dumm, sie „pfeifen" auf die Diät, setzen sich zu den anderen und essen wie sie. Oder sie kochen für sich nicht extra, sondern essen immer nur „was Kleines".
Das Problem ist, daß diese kleinen Zwischendurch-Mahlzeiten selten kontrolliert ablaufen. Die Mahlzeit, allein am Küchentisch eingenommen, hat meist den Effekt, daß man sich ohne Lust sattißt und daher häufig viel zu viel zu sich nimmt.

Frauen, die überbelastet sind (z. B. Haushalt plus Beruf) neigen dazu, zwischendurch im Streß zu essen, häufig auch Schokolade. Im Streß vergißt man auf die eigene Erkrankung – mit allen Folgen, die das auf den Blutzuckerspiegel hat.

„Egoismus" ist gefragt

Die traditionelle Rolle der Frau als Gebende, Aufkochende, Sorgende ist oft so stark, daß Frauen, die durch ihre Krankheit auf sich selbst achten müßten, die sich „Freiheiten herausnehmen" müßten, das nicht können. Wer jahrzehntelang gelernt hat, für alle anderen dazusein, nur nicht für sich selbst, der wird nicht mit 50 oder 60 plötzlich zum „Egoisten". Und als Egoist würden sich Frauen in solch einer Lage empfinden, wenn sie ein wenig von der Sorge, die sie für die anderen tragen, auch sich selbst zuwenden.
Frauen ordnen sich also eher dem Familiengeschehen unter, so wie es immer gewesen ist, und bleiben mit ihren eigenen Ansprüchen, die als egoistisch empfunden werden, übrig.
„Nur die anderen nicht belasten!" – das wird zur Maxime.

Die Erkrankung wird mitunter geradezu peinlich. „Mutter will etwas für sich tun?" – diese Vorstellung führt in manchen Familien zu panikartigen Szenen.

Die kochende Familie, während Mutter noch gemütlich im Bett liegt – das gibt es meist nur einmal im Jahr: am Muttertag.

Es ist das übrigens ein Muster, wie es auch bei Frauen, die einen Herzinfarkt erlitten haben, zu beobachten ist – ihnen ist die Tatsache der eigenen Erkrankung peinlich, sie möchten nicht durch „so etwas" im Mittelpunkt stehen und Aufmerksamkeit erregen.
Auch eigene Vorstellungen davon, wie man zu sein habe, werden durch die Krankheit gestört. Es kann sehr viel Selbstverständnis darin liegen, eine gute Mutter und Hausfrau zu sein. Chronische Krankheit gefährdet diese Rolle ...

DIABETIKERWAREN

Diabetikerkeks, -zwieback, -konfitüre usw. müssen in Broteinheiten gerechnet werden wie „normale" Speisen auch. Sie enthalten meist Zuckeraustauschstoffe, Fruchtzucker (Sorbit oder Xylit), die Kohlenhydrate sind und daher zu berechnen sind.
Der Unterschied dieser Kohlenhydrate zu den „normalen" ist nur: Sie gehen langsamer ins Blut über, sie wirken verzögert. Blutzuckeranstieg und -abfall finden weniger rasch statt.

Leider sind die Inhaltsstoffe von Diabetikerwaren oft nur ungenügend ausgezeichnet, was die Berechnung nicht unbedingt leichter macht. Auch hier helfen am ehesten Selbsthilfegruppen, wie es sie in ganz Deutschland, Österreich und der Schweiz gibt.

Zusammenfassung

Eine Erkrankung an Diabetes erfordert, daß man sich um sich selbst kümmert: Man muß ziemlich viel Initiative und Kraft aufbringen. Viele Diabetiker können das nicht, sei es, weil sie sich dafür zu müde fühlen, sei es, weil sie das Leben schon abgeschrieben haben, sei es, weil sie in ein Familiengeflecht eingebaut sind, das ihnen kaum Freiräume läßt.

Speziell Frauen haben es oft sehr schwer, ihre eigenen Interessen durchzusetzen. Selbsthilfegruppen können eine große Hilfe sein, um ausreichend Information über die Probleme in der Praxis zu bekommen und wieder Mut zu schöpfen.

NAHRUNG UND DIABETES –
Was Sie über das Essen wissen sollten

Abgesehen von wichtigen Nahrungsbestandteilen wie etwa Vitaminen, Mineralstoffen und Spurenelementen setzt sich die tägliche Nahrung des Menschen aus drei Grundnährstoffen zusammen:

- Kohlenhydrate,
- Fette und
- Eiweiß.

Jeder dieser drei Grundnährstoffe ist für bestimmte Nahrungsmittel charakteristisch:

Kohlenhydrate zum Beispiel für Getreideprodukte, vor allem für Brot ...
Fette für Fleisch und Butter ...
Eiweiß ebenfalls für Fleisch, aber auch für Eier ...

Je nach Art des Nahrungsmittels sind die drei Grundnährstoffe unterschiedlich stark vertreten. Sie haben im Körper des Menschen die verschiedensten Aufgaben, und sie können – so wie alles im Leben – ebenso nützlich wie schädlich sein.

Prinzipiell gilt: Was Maß und Ziel hat, ist in der Regel auch gesund. Nur die Einseitigkeiten (zuviel Fleisch zum Beispiel oder zuwenig Gemüse und Obst) schaden dem Organismus.
Für den Diabetiker freilich gilt diese Großmutterweisheit nicht, oder nur stark eingeschränkt. Der Diabetiker ist ein chronisch Kranker, dessen Krankheit eine Störung des Körperstoffwechsels ist, also direkt die Ernährung betrifft. Für den Diabetiker gelten daher eigene Regeln, über die ja schon ausführlich gesprochen wurde.

KOHLENHYDRATE

Kohlenhydrate bestehen aus Zuckerbausteinen.

Man unterscheidet:

- **Einfachzucker (Monosaccharide):** Traubenzucker und Fruchtzucker;
- **Zweifachzucker (Disaccharide):** Haushalts-, Milch-, Malz- und Invertzucker (Honig);
- **Vielfachzucker (Polysaccharide):** Stärke, Ballaststoffe usw.

Kohlenhydrate brauchen zur Verwertung im Körper Insulin. Diabetiker mit zu geringer Insulinwirkung müssen daher berechnen, wie viele Kohlenhydrate sie täglich essen dürfen. Dazu zieht man im deutschen Sprachraum den Hilfsbegriff der Broteinheit heran: eine Broteinheit (BE) = zwölf Gramm Kohlenhydrate.

Um zu erkennen, wie viele Kohlenhydrate in welchen Nahrungsmitteln enthalten sind, kann man Tabellen (siehe dazu: Seite 201 ff.) verwenden, die teilweise sogar mit Hilfe von Bildsymbolen exakt angeben, welche Speisen mit welchem Gewicht einer Broteinheit entsprechen (zum Beispiel: 1/4 Liter Milch, 40 Stück Erdnüsse, 1 Scheibe Knäckebrot usw.).
Solche Tabellen bekommen Sie als Diabetiker bei Ihrem Arzt, der sie seinerseits von pharmazeutischen Firmen bezieht – diese Firmen spielen auf dem Diabetes–Markt eine große Rolle und sind daher bemüht, durch solche praktischen Hilfen für sich Reklame zu machen.

Worin sind Kohlenhydrate enthalten?

- In Getreide und Getreideprodukten sowie Beilagen (Kartoffeln, Hülsenfrüchte, Nüsse);
- in Obst und Gemüse (natürlich auch in deren Säften!); und
- in der Milch und in Milchprodukten.

Wieviel Kohlenhydrate sollen Sie täglich essen?

Pauschal läßt sich das nicht beantworten. Ähnlich wie in dem Medizinerwitz von einem Studenten, der auf die Frage, wo die Nieren liegen, antwortete (brav wörtlich aus der Vorlesung zitierend): „Höher, als der Laie denkt!", kann man aber sagen: „Mehr, als bisher empfohlen wurde!"
Halten Sie sich an die Anweisung Ihres Arztes, beraten Sie sich mit erfahrenen Diabetespatienten, mit „Kollegen" in einer Selbsthilfegruppe ...

Über den Daumen gemessen kann man sagen (das gilt nur als Durchschnittswert und muß nicht im einzelnen, individuellen Fall zutreffen):

Täglich soll man, auch als Diabetiker, mindestens 12–14 Broteinheiten zu sich nehmen, je nach persönlichen Ernährungsgewohnheiten auch mehr, bis zu 20 BE am Tag. In Kohlenhydratgewicht heißt das: rund 140–240 Gramm pro Tag. Als Faustregel kann gelten: pro 100 kcal eine BE.

Wichtig ist: Kohlenhydrat ist nicht gleich Kohlenhydrat! Je nachdem, welche Art Speise Sie vor sich haben, wirken die darin enthaltenen Kohlenhydrate verschieden.
Ein Beispiel: 100 Gramm gekochte Nudeln entsprechen etwa zwei BE, also knapp 25 Gramm Kohlenhydraten. Für den Stoffwechsel ist es aber nicht gleichgültig, wie diese Nudeln zubereitet sind: Sind sie zerkocht, also matschig und weich, gehen die darin enthaltenen Saccharide wesentlich schneller ins Blut über, als wenn sie „al dente" sind, kernig und gerade richtig.
Derartige Unterschiede sind für den Diabetiker wesentlich.

Damit Sie als Diabetiker diesbezüglich keine Fehler machen, hat man sogenannte Austauschtabellen verfaßt. Das sind Tabellen von Nahrungsmitteln, deren Kohlenhydratwirkung miteinander vergleichbar ist – innerhalb dieser Gruppen können Sie jonglieren, um auf Ihren täglichen Kohlenhydratwert zu kommen.

Wichtig für Sie zu wissen ist auch – vor allem, wenn Sie mit Ihrem Gewicht kämpfen –, daß es vier Gruppen von kohlenhydratreichen Nahrungsmitteln gibt, die ganz unterschiedliche Kalorien-, also Energiewerte haben. Es ist nicht egal, ob Sie eine Broteinheit Nüsse essen oder eine Broteinheit Obst.

Diese vier Gruppen sind Nahrungsmittel mit:

- 50–70 kcal/BE (das heißt: 50–70 Kilokalorien je Broteinheit): Brot, Obst, Gemüse;
- rund 100 kcal/BE: Magermilch und Magermilchprodukte;
- etwa 170 kcal/BE: Vollmilch und ihre Produkte;
- ca. 500 kcal/BE: Nüsse.

FETT

Fett ist der energiereichste Nährstoff, mit 9 kcal/g (neun Kilokalorien je Gramm) hat es mehr als doppelt soviel Nährwert wie Kohlenhydrate und Eiweiß, die jeweils 4 kcal/g haben.
Durch Fett in der Nahrung wird man daher besonders schnell dick, denn der Körper kann das gegessene Fett nur teilweise verarbeiten, der Rest wird abgelagert.

Es gibt

tierische Fette:
Butter, süße Sahne/Obers, saure Sahne/Rahm; Speck, Grammeln, Schmalz usw.
Diese Fette bestehen vorwiegend aus gesättigten Fettsäuren, sie belasten den Fett- und den Cholesterinspiegel im Blut, machen dick und fördern die Arteriosklerose;

und

pflanzliche Fette:
Pflanzenmargarine und -öle.
Pflanzenöle gibt es in zwei Formen: Mit
- mehrfach ungesättigten (Sonnenblumen-, Maiskeim-, Kürbiskern-, Distelöl) und mit
- einfach ungesättigten Fettsäuren (Olivenöl).

Mehrfach ungesättigte Fettsäuren sind vom ernährungsmedizinischen Standpunkt besonders zu empfehlen, aber Vorsicht – auch diese Fettgruppe macht dick!

Besonders problematisch für Diabetiker sind die „heimtückischen" Fettformen, die sogenannten versteckten Fette. Sie sind nicht offensichtlich erkennbar (keine Speckschwarten, keine Fettränder), wir essen sie, ohne von ihnen zu wissen.
Versteckte Fette sind in vielen Lebensmitteln enthalten, nämlich in Wurst, Käse, Fleisch, Quark/Topfen, Fisch, Milch und ihren Produkten, Eiern, Nüssen, Mandeln, Mohn, Leinsamen, Sojabohnen.

Einige Beispiele für Nahrungsmittel, in denen zehn Gramm Fett enthalten ist:

30 Gramm Extrawurst
20 Gramm Salami (Dauerwurst) – sie besteht also zu 50 Prozent aus Fett!
35 Gramm Emmentaler
40 Gramm Edamer
1/4 Liter Vollmilch

Wieviel Fett sollen Sie täglich essen?

Bei Normalgewicht 60–80 Gramm,
bei Übergewicht 50 Gramm.

Die Fettverteilung in Ihrer Nahrung soll so aussehen:

- bei Normalgewicht 15–20 Gramm Streichfett, ebensoviel Kochfett und 45 Gramm verstecktes Fett;
- bei Übergewicht kein Streichfett, fünf Gramm Koch- und 45 Gramm verstecktes Fett.

EIWEISS

Es gibt

tierisches Eiweiß:
enthalten in Fleisch, Wurst, Innereien, Fisch, Milch und ihren Produkten, Käse, Quark/Topfen, Eiern (Hier sind auch reichlich versteckte Fette enthalten!);

und

pflanzliches Eiweiß:
ist in Getreide, Kartoffeln, Hülsenfrüchten, Sojabohnen, Nüssen usw. enthalten.

In der Nahrung sollten sich tierisches und pflanzliches Eiweiß etwa die Waage halten. Vegetarier kommen allerdings auch mit sehr wenig tierischem Eiweiß aus – hier soll der persönliche Geschmack entscheiden.

Die neue Linie in der Diabetikerbehandlung sagt: Eiweißhaltige Nahrungsmittel reduzieren! Das hat zwei Gründe: Erstens belasten hohe Eiweißmengen die Nieren, die beim Diabetiker häufig ohnedies schon „angeschlagen" sind, und zweitens enthalten gerade die eiweißreichen Lebensmittel meistens auch relativ viel Fett.

Wieviel Eiweiß sollen Sie täglich essen?

70–80 Gramm.

Das entspricht einem Speiseplan, den man nicht gerade als Schlemmerei bezeichnen könnte:

1/4 Liter Milch; plus
1/4 Liter Magerjoghurt (oder Sauermilch, Buttermilch oder Kefir); plus
150 Gramm Magerquark/-topfen (oder Hüttenkäse oder mageren Eckerlkäse oder auch 90 Gramm Hart- oder Schnittkäse oder zwei Eiklar); plus
70–80 Gramm mageres Fleisch (oder Fischfilet, Magerschinken oder
100 Gramm Puten- oder Rinderwurst); plus
maximal zwei Eidotter pro Woche.

Dazu kommen natürlich entsprechend viel Brot (siehe: Kohlenhydrate, Seite 66) und andere, nicht eiweißhaltige Nahrungsmittel.

Zusammenfassend: Sattessen soll sich der Diabetiker vor allem mit Kohlenhydraten, nicht mit Fett und Eiweiß!

ZUCKERERSATZSTOFFE UND SÜSS-STOFFE

Womit süßt ein Diabetiker?

Von Zuckerersatz- und Süßstoffen spricht man vor allem bei Saccharin, Cyclamat, Aspartam und ähnlichen Produkten. Die bekanntesten Namen sind: *Kandisin, Assugrin, Natreen* usw. Sie sind in Tablettenform oder flüssig erhältlich. Zuckerersatzstoffe sind frei von Kalorien, machen also nicht dick. Sie enthalten auch keine Kohlenhydrate und belasten daher den Insulinstoffwechsel nicht. Trotzdem gibt es (von der Weltgesundheitsorganisation WHO erstellte) Grenzwerte der täglichen Aufnahme. Diese Werte muß man sich selbst errechnen, sie richten sich nämlich nach dem Körpergewicht.

Je Kilogramm Körpergewicht soll man täglich maximal

- 2,5 Milligramm (mg) Saccharin oder
- 11 mg Cyclamat oder
- 40 mg Aspartam oder
- 9 mg Acesulfam

zu sich nehmen.

Diese Werte sind sozusagen Vorsichtsmaßnahmen, weil bisher zwar nicht nachgewiesen werden konnte, daß diese Zuckerersatzstoffe schädlich sind, aber vom Gegenteil ist man auch noch nicht so recht überzeugt.

Die Süßkraft der Zuckerersatzstoffe ist sehr unterschiedlich.
Nimmt man die Saccharose (Haushaltszucker) als Maßstab, dann ist

- Cyclamat 35mal,
- Aspartam 200mal,
- Acesulfam-K ebenfalls 200mal und
- Saccharin 550mal süßer.

ZUCKERAUSTAUSCHSTOFFE

Zuckeraustauschstoffe sind

- Fruchtzucker und
- Sorbit.

Sie sind kalorienhaltig und enthalten auch Kohlenhydrate, müssen also in BE gerechnet werden. Man kann als Diabetiker nicht beliebig viel davon essen!

Zwölf Gramm Zuckeraustauschstoff entsprechen einer BE. Das bedeutet, daß auch alle Diabetikerprodukte in BE gerechnet werden müssen.

Eine BE entspricht:

ca. 25–30 Gramm Diabetikerkeks
ca. 25–30 Gramm Diabetikerschokolade
ca. 15 Gramm Diabetikerhonig
ca. 25 Gramm Diabetikerkonfitüre

Vorsicht mit Sorbit! Ab einer Menge von zehn Gramm kann es (mehr oder weniger stark) abführend wirken.

DIABETES UND ALKOHOL

Durch den Konsum von Alkohol wird die Zuckerfreisetzung der Leber vorübergehend gehemmt. Schon allein deswegen sollten Sie als Diabetiker mit Alkohol eher zurückhaltend sein.

Wieviel Alkohol pro Tag?

Maximal 1/4 Liter naturreinen Qualitätswein oder 1/3 Liter Bier oder einen kleinen Schnaps.

Alkohol ist übrigens sehr kalorienreich: Ein Gramm hat sieben Kilokalorien.

ESSEN IM GASTHAUS

Als Diabetiker können Sie selbstverständlich im Gasthaus, Restaurant, Hotel usw. essen. Einige **Grundregeln** sollten Sie allerdings beachten:

Prinzipiell gelten die selben Empfehlungen wie für die häusliche Küche – nur daß Sie für die Zutaten, für die Güte des verwendeten Bratfettes usw. nicht die Hand ins Feuer legen können.

Kalorien- und Kohlenhydratgehalt der einzelnen Nahrungsmittel kennen Sie nach einiger Übung auswendig, Sie können also gezielt bestellen: „Bitte eher wenig von diesem, dafür mehr von jenem ...!“

Zur BE-Berechnung einige Hilfen:

Ein Wiener Schnitzel, groß wie eine Frauenhand, hat etwa eine BE.
Leicht gebundene Saucen kann man je Portion mit etwa 1/2 BE berechnen und eine Portion gebundenes Gemüse entspricht einer BE.

Besonders geeignet als Diabetikeressen im Gasthaus sind:

Klare Suppen, Grillspeisen, gebratenes Fleisch und Fisch (ohne Mehl zubereitet), Gemüse natur, Würstel und ähnliches.

DIE REZEPTE

KÜCHENTECHNISCHE HINWEISE

1 Prise = 0,1 g
1 Msp. Margarine = 2–3 g
1 Msp. Kochsalz = 0,3 g
1 Teelöffel = 5 g
1 Eßlöffel = 10 g

ACHTUNG!

Bei von diesen Hinweisen abweichenden Grammangaben steht die genaue Mengenangabe in Klammer neben dem Lebensmittel.

VERSCHIEDENE ABKÜRZUNGEN

g = Gramm
kg = Kilogramm
ml = Milliliter
l = Liter
Msp. = Messerspitze
TL = Teelöffel
EL = Eßlöffel
kcal = Kilokalorien
kJ = Kilojoule
KH = Kohlenhydrate
BE = Broteinheit

Das Schneidbrett mit dem Küchenmesser bedeutet, daß die betreffenden Gerichte „herzhaft-deftig" schmecken.

Die mit einer Rose gekennzeichneten Rezepte haben ausgesprochenen „Gourmet"-Charakter: Sie sind auch für besonders festliche Anlässe geeignet.

Rezepte, die mit einer Haube und einem Schöpflöffel gekennzeichnet sind, verlangen etwas mehr Können und Geduld als die anderen.

Das Frühstück

Sie sollten einen neuen Tag immer mit einem guten und ausgiebigen Frühstück beginnen, damit Sie den Anforderungen des Tages besser gewachsen sind!

Cornflakes mit Apfelmus

Zutaten für 2 Portionen:
1/4 l Apfelmus, ungezuckert
1 TL Rosinen
100 g Orangenfilets
4 EL Cornflakes
1 TL Nüsse, gehackt

Nährwert pro Portion:
Eiweiß: 2 g
Fett: 2 g
KH: 31 g
kcal/kJ: 147/620
Cholesterin: 0 mg
Kochsalz: 0,0 g
anrechenbare BE: 2,5

Apfelmus in eine Schüssel geben, **Rosinen** untermischen. Das Mus mit den **Orangenfilets** garnieren, mit **Cornflakes** und **Nüssen** bestreuen.

Hüttenkäse mit Kiwis

Zutaten für 2 Portionen:
2 kleine Kiwis (130 g)
200 g Hüttenkäse
1 TL Zitronensaft
Süßstoff
Zimt
2 Kompottkirschen, ungezuckert

Nährwert pro Portion:
Eiweiß: 14 g
Fett: 5 g
KH: 7 g
kcal/kJ: 140/588
Cholesterin: 0 mg
Kochsalz: 0,0 g
anrechenbare BE: 0,5

Kiwis schälen, blättrig schneiden und auf einem nicht zu großen Teller kreisförmig auflegen.
Hüttenkäse in eine Schüssel geben.

Zitronensaft, Süßstoff und **Zimt** unter den Hüttenkäse mischen und abschmecken. Anschließend in die Mitte des mit Kiwischeiben belegten Tellers legen und mit den **Kompottkirschen** garnieren.

Beerenschale

Zutaten für 2 Portionen:
1/4 l Magerjoghurt
120 g rote Johannisbeeren
160 g Erdbeeren
160 g Himbeeren
Süßstoff
etwas Zitronensaft
4 EL Cornflakes

Nährwert pro Portion:
Eiweiß: 8 g
Fett: 1 g
KH: 31 g
kcal/kJ: 169/710
Cholesterin: 0 mg
Kochsalz: 0,3 g
anrechenbare BE: 2,5

Magerjoghurt mit **Johannisbeeren** und **Himbeeren** in einer Schüssel vermischen.
Erdbeeren blättrig schneiden und zum Joghurt geben.

Das Ganze mit
Süßstoff und **Zitronensaft** abschmecken, vor dem Servieren
Cornflakes über die Beerenschale streuen.

Basis-Müsli-Mischung

Zutaten für eine größere Menge auf Vorrat:
200 g Haferflocken
100 g Haferkleie
100 g Weizenflocken
50 g Cornflakes
100 g Gerstenflocken
75 g Nüsse, gehackt
100 g Apfelspalten, getrocknet

Nährwert pro Portion (40 g):
Eiweiß: 4 g
Fett: 4 g
KH: 27 g
kcal/kJ: 166/695
Cholesterin: 0 mg
Kochsalz: 0,0 g
anrechenbare BE: 2,0

Haferflocken, Haferkleie, Weizenflocken, Cornflakes, Gerstenflocken und **Nüsse** in einer großen Schüssel gut durchmischen.
Apfelspalten kleinwürfelig schneiden und unter das Basis-Müsli mischen.

Müsli mit Früchten

Zutaten für 2 Portionen:
80 g Basis-Müsli-Mischung
(siehe Rezept, Seite 81)
1/4 l Magerjoghurt
1/2 Apfel (100 g)
1/2 Banane
(80 g mit Schale)
Süßstoff

Nährwert pro Portion:
Eiweiß: 11 g
Fett: 4 g
KH: 44 g
kcal/kJ: 253/1063
Cholesterin: 0 mg
Kochsalz: 0,4 g
anrechenbare BE: 3,5

Basis-Müsli-Mischung mit **Magerjoghurt** in einer Schüssel gut verrühren, anschließend 15–20 Minuten quellen lassen.
Apfel würfelig schneiden,
Banane blättrig schneiden, beides unter das Müsli mischen. Mit
Süßstoff abschmecken.

Müsli, pikant

Zutaten für 2 Portionen:
50 g Basis-Müsli-Mischung (siehe Rezept, Seite 81)
1/4 l Magerjoghurt
1 mittelgroße Karotte
100 g Knollensellerie
1/2 Apfel (100 g)
1 TL Sojasauce

Nährwert pro Portion:
Eiweiß: 12 g
Fett: 3 g
KH: 48 g
kcal/kJ: 264/1107
Cholesterin: 0 mg
Kochsalz: 0,7 g
anrechenbare BE: 3,0

Basis-Müsli-Mischung mit **Magerjoghurt** in einer Schüssel gut vermischen, anschließend 15–20 Minuten quellen lassen.
Karotte fein reißen,
Knollensellerie schälen und ebenfalls fein reißen.
Apfel würfelig schneiden und mit der zerkleinerten Karotte und dem fein gerissenen Sellerie unter das Müsli mischen. Mit
Sojasauce abschmecken.

Kleine Gerichte

**Sie können als Vorspeise,
aber ebensogut als Mahlzeit zwischendurch
gegessen werden.**

**TIP!
Diese Gerichte sind ideal
zum Mitnehmen.**

Fleischgelee

Foto auf Seite 97

Zutaten für 2 Portionen:

zum Kochen des Fleisches:

3/4 l Wasser
200 g Schweinsschulter, mager
1/2 Bund Suppengrün
1 kleine Zwiebel
Pfefferkörner
1 Wacholderbeere
1/2 TL Salz

für das Gelee:

2 Karotten
1 gelbe Rübe
2 kleine Stangen Lauch
1/2 Selleriestaude
6 Blätter weiße Gelatine
Pfeffer, frisch gemahlen
1 EL Essig

Nährwert pro Portion:
Eiweiß: 21 g
Fett: 23 g
KH: 19 g
kcal/kJ: 367/1540
Cholesterin: 70 mg
Kochsalz: 0,9 g
anrechenbare BE: 0,0

Fleisch:

Wasser zum Kochen bringen.
Suppengrün putzen, waschen und mit der **Zwiebel** ins kochende Wasser geben. Mit den **Gewürzen** abschmecken.
Schweinsschulter von den Sehnen befreien, ins kochende Wasser legen und ca. 1 1/4 Stunden weichkochen. Anschließend das Fleisch herausnehmen, kaltstellen und in mundgerechte Stücke teilen.
Die Suppe abseihen, 1/2 Liter für das Gelee zur Seite stellen.

Gelee:

Gemüse putzen, waschen, blättrig schneiden und in etwas Suppe weichkochen (das Gemüse muß so weich sein, daß es mit einer Gabel zerteilt werden kann).
Gelatine 4 Minuten in kaltem Wasser quellen lassen, danach in der warmen Suppe (1/2 Liter) auflösen.
Pfeffer und **Essig** zum Abschmecken des Gelees beigeben.
Das Gemüse und Fleisch lagenweise in eine geeignete Schüssel legen und jede Lage mit Geleeflüssigkeit abdecken. Die letzte Lage sollte ebenfalls Geleeflüssigkeit sein.
Das Ganze abdecken und über Nacht im Kühlschrank festwerden lassen.

Dazu passen: **deftige Bauernbrot- und Vollkornbrotsorten, alle Blattsalate.**

Hering-Apfel-Salat

Zutaten für 2 Portionen:
200 g eingelegter Hering
1/4 l Buttermilch

für die Marinade:
100 g Magerquark/-topfen
1/8 l Buttermilch
1/2 Apfel (100 g)
1/2 Bund Dill, feingehackt
weißer Pfeffer
Worcestersauce

Nährwert pro Portion:
Eiweiß: 26 g
Fett: 17 g
KH: 11 g
kcal/kJ: 304/1276
Cholesterin: 60 mg
Kochsalz: 2,7 g
anrechenbare BE: 0,75

Hering gut reinigen, in mundgerechte Stücke schneiden und zum Entsalzen über Nacht in **Buttermilch** einlegen.
Vor dem Weiterverarbeiten den Fisch gründlich unter fließendem Wasser abspülen. Die verbleibende Buttermilch nicht mehr weiterverarbeiten.

Marinade:
Magerquark/-topfen schaumig rühren,
Buttermilch beigeben, beides gut miteinander vermischen, so daß eine cremige Masse entsteht.
Apfel blättrig schneiden und zur Marinade geben,
Dill ebenfalls untermischen. Die Marinade mit **weißem Pfeffer** und **Worcestersauce** abschmekken.

Zum Schluß die gut abgespülten Fischstücke unterheben. Bis zum Servieren den Salat ca. 6 Stunden rasten lassen.

Dazu passen: **alle Vollkornbrot- und Brötchensorten.**

Champignon-Käse-Salat

Zutaten für 2 Portionen:
150 g frische Champignons
1 rote Zwiebel
1 Kopf Radicchiosalat
75 g mild-würziger Schnittkäse (25 % F. i. T.)

für die Marinade:
Kräuteressig
1 TL Öl
schwarzer Pfeffer
1 Msp. Salz
1 TL feingehackte Kräuter

Nährwert pro Portion:
Eiweiß: 14 g
Fett: 9 g
KH: 9 g
kcal/kJ: 180/703
Cholesterin: 20 mg
Kochsalz: 0,9 g
anrechenbare BE: 0,0

Champignons putzen, waschen und blättrig schneiden.
Zwiebel nudelig schneiden.
Radicchiosalat waschen und in mundgerechte Stücke teilen.
Alle Zutaten in eine Schüssel geben, **Schnittkäse** stiftelig schneiden.

Marinade:
Essig, Öl, Pfeffer, Salz und **Kräuter** vermischen und über den Salat gießen. Mit den Käsestiften garnieren.

Dazu passen: **alle Vollkornbrot- und Brötchensorten, Knäckebrot.**

Sommersalat mit geräucherten Forellenfilets

Zutaten für 2 Portionen:
1/2 Kopf Eisbergsalat
1 Stück Chicorée
3 Radieschen
1 grüne Paprikaschote

für die Marinade:
2 EL gemischte Kräuter, feingehackt
1 Msp. Salz
1 Msp. Senf
1 TL Öl
milder Weißweinessig

1 TL Schnittlauchröllchen zum Garnieren
150 g geräuchertes Forellenfilet

Nährwert pro Portion:
Eiweiß: 20 g
Fett: 3 g
KH: 7 g
kcal/kJ: 140/583
Cholesterin: 35 mg
Kochsalz: 1,2 g
anrechenbare BE: 0,0

Eisbergsalat putzen, waschen und in mundgerechte Stücke teilen.
Chicorée waschen und in Streifen schneiden, **Radieschen** blättrig schneiden.
Paprikaschote putzen, von den Kernen befreien und nudelig schneiden.
Alle Zutaten in eine Schüssel geben.

Marinade:
Kräuter, Salz, Senf, Öl und **Weißweinessig** gut vermischen und über den Salat gießen, mit **Schnittlauchröllchen** garnieren.
Forellenfilet in mundgerechte Stücke teilen und den Salat damit garnieren.

Dazu passen: **alle Vollkornbrot- und Brötchensorten.**

Schinkenquark/-topfen

Zutaten für 2 Portionen:
40 g Rohschinken
1/2 Kästchen Kresse
150 g Quark/Topfen
(10 % F. i. T.)
etwas Tabasco

Nährwert pro Portion:
Eiweiß: 14 g
Fett: 7 g
KH: 4 g
kcal/kJ: 140/586
Cholesterin: 14 mg
Kochsalz: 1,3 g
anrechenbare BE: 0,0

Rohschinken fein hacken.
Kresse waschen, gut abtropfen lassen und grob hacken. Anschließend den
Quark/Topfen schaumig rühren, den Rohschinken und die Kresse untermischen. Zum Schluß mit
Tabasco verfeinern.

Dazu passen: **alle dunklen Vollkornbrot- und Brötchensorten.**

Pfefferquark/-topfen

Zutaten für 2 Portionen:
200 g Quark/Topfen (10 % F. i. T.)
1 EL saure Sahne/Sauerrahm
1/2 gelbe Paprikaschote
1/2 mittelgroße Zwiebel
1 EL Schnittlauchröllchen
1 Msp. Salz
1 TL grüne Pfefferkörner

Nährwert pro Portion:
Eiweiß: 15 g
Fett: 1 g
KH: 8 g
kcal/kJ: 107/445
Cholesterin: 3 mg
Kochsalz: 0,2 g
anrechenbare BE: 0,0

Quark/Topfen schaumig rühren, **saure Sahne/Sauerrahm** dazugeben. **Paprikaschote** fein hacken, **Zwiebel** ebenfalls fein hacken.

Schnittlauchröllchen, grüne Pfefferkörner und **Salz** mit der feingehackten Paprikaschote und der Zwiebel unter die Masse mischen.

Dazu passen: **alle Vollkornbrot- und Brötchensorten.**

Feine Pastete

Zutaten für 4 Portionen:
1 Scheibe Toastbrot
50 g Lachsschinken ohne Fettrand
1 mittelgroße Gewürzgurke
1 Zwiebel
1 rote Paprikaschote
250 g Beef tatare
1 Ei
1 TL Senf
1/2 TL Kochsalz
schwarzer Pfeffer
Tabasco
1/4 Bund Petersilie

etwas Margarine für die Form

Nährwert pro Portion:
Eiweiß: 19 g
Fett: 7 g
KH: 7 g
kcal/kJ: 163/683
Cholesterin: 120 mg
Kochsalz: 0,7 g
anrechenbare BE: 0,25

Toastbrot würfelig schneiden und in 3 Eßlöffel Wasser quellen lassen.
Lachsschinken fein hacken,
Gewürzgurke feinwürfelig schneiden.
Zwiebel fein schneiden,
Paprikaschote kleinwürfelig schneiden.
Beef tatare mit den obigen Zutaten vermischen. Das
Ei zum Binden der Masse unterrühren.

Gewürze zur Pastetenmasse geben und alles gut abschmecken. Zum Schluß die
Petersilie fein hacken und untermischen. Eine Pastetenform mit
Margarine befetten, die Masse einfüllen und mit Alufolie abdecken.

In eine größere Backpfanne etwa 2 Finger hoch Wasser geben, Pastetenform hineinstellen und im vorgeheizten Rohr bei 190 °C ca. 1 1/2 Stunden garen.

Dazu passen: **alle Brot- und Brötchensorten, Toastbrot.**

Suppen

Suppen aller Art eignen sich ideal als Vorspeise, denn sie sind kalorienarm und füllen den Magen.

ES GILT DIE DEVISE:
Eine Portion Suppe sollte regelmäßig auf Ihrem Speiseplan stehen.

Klare Brühe

salzarm

Zutaten für 2 Liter:
2 l Wasser
250 g Rindfleisch, mager
3 Bund Suppengrün
1 große Zwiebel
2 Knoblauchzehen
1 gestrichener TL Salz
3 Pfefferkörner
2 Pimentkörner
1 Lorbeerblatt

Nährwert pro 1/4 Liter:
Eiweiß: 8 g
Fett: 3 g
KH: 8 g
kcal/kJ: 50/208
Cholesterin: 0 mg
Kochsalz: 0,0 g
anrechenbare BE: 0,0

Wasser zum Kochen bringen,
Gewürze beigeben.
Zwiebel und **Knoblauch** schälen, putzen und in der Mitte durchschneiden. Anschließend auf der Herdplatte oder in einer beschichteten Pfanne die Schnittflächen dunkelbraun rösten und zur Brühe geben.

Suppengrün waschen, putzen und ebenfalls dazugeben.
Rindfleisch würfelig schneiden und ca. 1 1/2 Stunden in der Brühe kochen, zum Schluß abseihen. Die Brühe zum Weiterverarbeiten portionieren.

Tip! **Es empfiehlt sich, diese Brühe in größeren Mengen zuzubereiten, da sie als Basis und zum Aufgießen verschiedenster Speisen verwendet werden kann.**

Grießsuppe

Zutaten für 2 Portionen:
1/2 l klare Brühe, salzarm (siehe nebenstehendes Rezept)
1/2 Bund Suppengrün
1 EL Grieß (15 g)
1 TL Petersilie, feingehackt

Nährwert pro Portion:
Eiweiß: 9 g
Fett: 3 g
KH: 16 g
kcal/kJ: 92/389
Cholesterin: 0 mg
Kochsalz: 0,1 g
anrechenbare BE: 0,5

Klare Brühe zum Kochen bringen.
Suppengrün putzen, fein reißen, in die kochende Brühe geben und 5 Minuten kochen lassen.
Grieß einrühren und weitere 3–5 Minuten quellen lassen. Mit
Petersilie verfeinert servieren.

Eintropfsuppe

(österreichische Spezialität)

Zutaten für 2 Portionen:
1/2 l klare Brühe, salzarm (siehe Rezept, Seite 94)
1 Eiklar
1 gehäufter TL Vollkornmehl (7 g)
Petersilie, feingehackt

Nährwert pro Portion:
Eiweiß: 9 g
Fett: 3 g
KH: 10 g
kcal/kJ: 68/283
Cholesterin: 0 mg
Kochsalz: 0,1 g
anrechenbare BE: 0,25

Klare Brühe zum Kochen bringen.
Eiklar und **Vollkornmehl** miteinander vermischen und in die kochende Brühe einlaufen lassen. Vor dem Servieren
Petersilie in die Suppe geben.

FLEISCHGELEE

Rezept auf Seite 86

ROTE-RÜBEN-SUPPE MIT MEERRETTICH-/KRENNOCKEN

Rezept auf Seite 99

Rote-Rüben-Suppe mit Meerrettich-/Krennocken

Foto auf Seite 98

Zutaten für 2 Portionen:

für die Suppe:
2 kleine rote Rüben
1 Msp. Salz
2 EL Essig
Kümmel
1 Lorbeerblatt
3/8 l klare Brühe, salzarm
(siehe Rezept, Seite 94)
2 EL saure Sahne/
Sauerrahm
Pfeffer

für die Nocken:
100 g Magerquark/-topfen
1 EL Vollkornmehl (15 g)
1 Eiklar
2 Msp. Meerrettich/Kren

Nährwert pro Portion:
Eiweiß: 16 g
Fett: 4 g
KH: 20 g
kcal/kJ: 158/664
Cholesterin: 5 mg
Kochsalz: 0,4 g
anrechenbare BE: 0,5

Suppe:

Salz, Essig und **Gewürze** in wenig Wasser zum Kochen bringen.
Rote Rüben darin ca. 1–1½ Stunden weichkochen, anschließend schälen und kleinschneiden.
Klare Brühe mit den kleingeschnittenen Rüben kurz aufkochen, anschließend das Ganze passieren.
Die Suppe mit
saurer Sahne/Sauerrahm verfeinern, zum Schluß mit
Pfeffer abschmecken.

Nocken:

Quark/Topfen, Vollkornmehl, Eiklar und **Meerrettich/Kren** vermischen, ca. 10 Minuten rasten lassen, anschließend Nocken formen und in leicht gesalzenem Wasser garen. Die Nokken in der Suppe servieren.

Tomatensuppe

Zutaten für 2 Portionen:
1 Bund Suppengrün
1/2 Zwiebel
1 TL Öl
1 gehäufter TL Mehl (7 g)
3/8 l klare Brühe, salzarm
(siehe Rezept, Seite 94)
300 g Tomaten
Pfeffer
Zimt
etwas Süßstoff
Zitronensaft

Nährwert pro Portion:
Eiweiß: 9 g
Fett: 3 g
KH: 24 g
kcal/kJ: 131/547
Cholesterin: 0 mg
Kochsalz: 0,2 g
anrechenbare BE: 0,25

Suppengrün waschen, putzen und fein reißen, **Zwiebel** fein hacken.
Öl in einer beschichteten Pfanne erwärmen, das Suppengrün und die Zwiebel darin goldbraun rösten. Das geröstete Suppengrün mit **Mehl** stauben, mit der **klaren Brühe** aufgießen und gut rühren. Die Suppe mit **Gewürzen, Süßstoff** und **Zitronensaft** würzen.
Tomaten schälen, entkernen, zur Suppe geben und ca. 20 Minuten weichdünsten.

Anschließend das Ganze passieren. Vor dem Servieren die Suppe nochmals erwärmen.

Klare Nudelsuppe mit frischen Kräutern

Zutaten für 2 Portionen:
1/2 l klare Brühe, salzarm (siehe Rezept, Seite 94)
1/2 Stange Lauch
50 g grüne Erbsen (frisch oder Tiefkühlware)
3 EL frische Kräuter, feingehackt (Petersilie, Dill, Schnittlauch, Kerbel u.ä.)
75 g gekochte Fadennudeln
weißer Pfeffer
Muskatnuß

Nährwert pro Portion:
Eiweiß: 12 g
Fett: 3 g
KH: 22 g
kcal/kJ: 134/558
Cholesterin: 10 mg
Kochsalz: 0,1 g
anrechenbare BE: 1

Klare Brühe zum Kochen bringen.
Lauch putzen, waschen, ringelig schneiden und in die kochende Brühe geben, den Sud ca. 5 Minuten kochen.
Erbsen ebenfalls zu der kochenden Suppe geben und weitere 5 Minuten garen.

Frische Kräuter dazugeben, mit **weißem Pfeffer** und **Muskatnuß** abschmecken.
Gekochte Fadennudeln kurz vor dem Servieren in der Suppe erwärmen.

Brokkolisuppe

Zutaten für 2 Portionen:
1/2 Bund Suppengrün
1/4 Zwiebel
2 Msp. Margarine
1/2 l klare Brühe, salzarm (siehe Rezept, Seite 94)
300 g Brokkoli (tiefgekühlt)
1 EL saure Sahne/ Sauerrahm
weißer Pfeffer

Nährwert pro Portion:
Eiweiß: 14 g
Fett: 6 g
KH: 20 g
kcal/kJ: 152/633
Cholesterin: 2 mg
Kochsalz: 0,2 g
anrechenbare BE: 0,0

Suppengrün waschen, putzen und fein reißen.
Zwiebel fein hacken.
Margarine in einer beschichteten Pfanne erwärmen, darin das Suppengrün und die Zwiebel anrösten. Das geröstete Gemüse mit der **klaren Brühe** aufgießen.
Brokkoli in der Suppe weichkochen, ein Drittel der Brokkoliröschen herausnehmen und die restliche Suppe passieren. Mit **weißem Pfeffer** würzen.

Zum Schluß die Suppe mit **saurer Sahne/Sauerrahm** verfeinern und vor dem Servieren die restlichen Brokkoliröschen dazugeben.

Kartoffelsuppe

Zutaten für 2 Portionen:

1 Bund Suppengrün
1/2 kleine Zwiebel
1/2 Knoblauchzehe
2 hühnereigroße Kartoffeln, geschält (150 g)
1 TL Margarine
1/2 l klare Brühe, salzarm (siehe Rezept, Seite 94)
Pfeffer
Kümmel
Majoran
1/2 Lorbeerblatt
1 gehäufter EL Vollkornmehl (15 g)
2 TL saure Sahne/ Sauerrahm
1 TL Essig

Nährwert pro Portion:
Eiweiß: 11 g
Fett: 6 g
KH: 31 g
kcal/kJ: 188/786
Cholesterin: 3 mg
Kochsalz: 0,2 g
anrechenbare BE: 1,5

Zwiebel und **Knoblauch** fein hacken.
Margarine in einer beschichteten Pfanne zum Schmelzen bringen und die feingehackte Zwiebel-Knoblauch-Masse darin goldbraun anrösten.
Suppengrün putzen, waschen, fein reißen und zur gerösteten Zwiebel geben.
Kartoffeln würfelig schneiden, ebenfalls beigeben und kurz mitrösten. Das Gemüse mit der **klaren Brühe** aufgießen und mit den **Gewürzen** abschmecken. Anschließend die Suppe ca. 20 Minuten kochen lassen.

Mehl und **saure Sahne/Sauerrahm** gut vermischen und damit die Kartoffelsuppe binden. Vor dem Servieren mit **Essig** abschmecken.

Linsensuppe

Zutaten für 2 Portionen:
60 g Linsen (Trockengewicht)
1 Karotte
1 Selleriestaude
1 Zwiebel
1 Msp. Margarine
1/2 l klare Brühe, salzarm (siehe Rezept, Seite 94)
1 Lorbeerblatt
Origano
Pfeffer, frisch gemahlen
1 TL Essig
etwas Zitronensaft

Nährwert pro Portion:
Eiweiß: 9 g
Fett: 4 g
KH: 16 g
kcal/kJ: 104/435
Cholesterin: 0 mg
Kochsalz: 0,3 g
anrechenbare BE: 1,5

Linsen über Nacht in Wasser einweichen und im Kühlschrank quellen lassen.
Karotte putzen, waschen und nudelig schneiden,
Selleriestaude blättrig schneiden,
Zwiebel fein hacken.

Margarine in einer beschichteten Pfanne zum Schmelzen bringen und darin die Zwiebel goldbraun anrösten, danach das restliche Gemüse beigeben. Linsen abseihen und ebenfalls dazugeben. Das Gemüse mit der
klaren Brühe aufgießen, die
Gewürze beigeben und nun die Suppe ca. 20–25 Minuten kochen lassen.

Vor dem Servieren mit
Essig und **Zitronensaft** säuern und abschmekken.

Saure-Sahne-/Rahmsuppe

Zutaten für 2 Portionen:
3/8 l Wasser
Kümmel
2 hühnereigroße Kartoffeln, geschält (150 g)
1/8 l Sauermilch
1 EL Mehl (15 g)
2 EL saure Sahne/ Sauerrahm
2 Msp. Kochsalz

Nährwert pro Portion:
Eiweiß: 5 g
Fett: 4 g
KH: 20 g
kcal/kJ: 135/568
Cholesterin: 12 mg
Kochsalz: 0,4 g
anrechenbare BE: 1,75

Wasser mit **Kümmel** zum Kochen bringen,
Sauermilch unterrühren und
Salz beigeben.
Kartoffeln in Würfel schneiden, zur Suppe geben und ca. 20 Minuten weichkochen.

Saure Sahne/Sauerrahm und **Mehl** gut miteinander vermischen, damit die Suppe binden.

Käsesuppe

Zutaten für 2 Portionen:
1 kleine Zwiebel
1 Msp. Margarine
1 gehäufter TL Mehl (7 g)
1/2 l klare Brühe, salzarm
(siehe Rezept, Seite 94)
75 g Schmelzkäse
(25 % F. i. T.)
Pfeffer
1 EL Schnittlauchröllchen

Nährwert pro Portion:
Eiweiß: 13 g
Fett: 6 g
KH: 13 g
kcal/kJ: 133/556
Cholesterin: 5 mg
Kochsalz: 0,4 g
anrechenbare BE: 0,25

Zwiebel fein hacken.
Margarine in einer beschichteten Pfanne zum Schmelzen bringen, darin die Zwiebel goldgelb anrösten. Die geröstete Zwiebel mit
Mehl stauben und mit der
klaren Brühe aufgießen.
Schmelzkäse in der Brühe zum Schmelzen bringen.

Die Suppe mit
Pfeffer abschmecken und mit
Schnittlauchröllchen bestreut servieren.

Fisch

Fischgerichte sollten ein regelmäßiger Bestandteil Ihres Speisezettels werden.

ES GILT ALSO DIE DEVISE:
Dreimal pro Woche Fisch!

ACHTUNG!
Die Garzeit des Fisches ist von der Stärke des Filets abhängig, es kann daher zu Schwankungen der Garzeiten kommen.

Gratinierter Fisch mit Schinkenstreifen und Champignons

Zutaten für 2 Portionen:
200 g Fischfilet
Zitronensaft
1 Msp. Kochsalz
weißer Pfeffer, frisch gemahlen

für den Fischsud:
200 ml Weißwein, trocken
1 Lorbeerblatt
1 Pfefferkorn
1 Wacholderbeere

für die Béchamel:
1 EL Mehl (15 g)
100 ml Milch, fettarm
Muskat
1 Msp. Kochsalz

30 g Magerschinken
100 g Champignons
1 TL Petersilie, feingehackt

1 Msp. Margarine für die Form

Nährwert pro Portion:
Eiweiß: 24 g
Fett: 6 g
KH: 12 g
kcal/kJ: 264/1109
Cholesterin: 46 mg
Kochsalz: 1,0 g
anrechenbare BE: 0,5

Fischfilet waschen, abtrocknen und auf einen Teller legen, mit **Zitronensaft** säuern. Den Fisch mit **Kochsalz** und **Pfeffer** einreiben und ca. 10–12 Minuten marinieren.

Fischsud:
Weißwein und **Gewürze** in einen Topf geben und ca. 10 Minuten auf kleiner Flamme köcheln lassen. Vorbereitetes Fischfilet darin ca. 6 Minuten garen, herausnehmen und in eine leicht befettete vorbereitete Auflaufform legen.

Béchamel:
Mehl ohne Fett in einer beschichteten Pfanne kurz anrösten.
Milch erwärmen und zugießen, gut verrühren und anschließend ca. 2–3 Minuten unter ständigem Rühren kochen lassen, mit **Muskat** und **Salz** würzen.

Schinken in Streifen schneiden, **Champignons** waschen, putzen und blättrig schneiden.
Petersilie gemeinsam mit den vorbereiteten Champignons und den Schinkenstreifen über das Fischfilet geben, mit der Béchamel bedecken und im vorgeheizten Rohr ca. 20 Minuten goldbraun backen.

Dazu passen: **Petersilien- oder Kümmelkartoffeln, alle Blattsalate, Tomatensalat.**

Fischfilet in Senfsauce

Zutaten für 2 Portionen:
200 g Dorschfilet
Zitronensaft
1 Msp. Salz

für den Fischsud:
1/16 l Weißwein, trocken
1/8 l Wasser
1 Lorbeerblatt
Pfefferkörner
Wacholderbeeren
1 kleine Zwiebel

für die Senfsauce:
1 TL Mehl (7 g)
2 EL saure Sahne/ Sauerrahm
1 TL Senf, scharf
1 Msp. Salz
1 Essiggurke

Nährwert pro Portion:
Eiweiß: 19 g
Fett: 2 g
KH: 6 g
kcal/kJ: 145/601
Cholesterin: 35 mg
Kochsalz: 0,5 g
anrechenbare BE: 0,25

Dorschfilet waschen, abtrocknen, halbieren und auf einen Teller legen, mit **Zitronensaft** und **Salz** würzen und vor dem Weiterverarbeiten 10 Minuten ziehen lassen.

Fischsud:
Weißwein und **Wasser** zum Kochen bringen.
Lorbeerblatt, **Pfefferkörner** und **Wacholderbeeren** beigeben.
Zwiebel fein hacken, zum Fischsud geben und 20 Minuten kochen lassen. Marinierte Dorschfilets einlegen und ca. 10 Minuten garziehen lassen, dann herausnehmen und warmstellen, den Fischsud abseihen.

Senfsauce:
Fischsud, falls notwendig, mit etwas Wasser auf 200 Milliliter auffüllen.
Saure Sahne/Sauerrahm mit **Mehl** gut vermischen.
Senf zum Sahne-Mehl-Gemisch geben und damit die Sauce binden, 1–2 Minuten kochen lassen.
Essiggurke in Streifen schneiden und zur Senfsauce geben, falls notwendig mit **Salz** abschmecken.
Die Dorschfilets zum Erwärmen nochmals in die Senfsauce legen.

Dazu passen: **Salzkartoffeln sowie Brokkoli- und Blumenkohl-/Karfiolgemüse.**

Kräuterforelle in Alufolie

Zutaten für 2 Portionen:
1 frische Forelle
(ca. 300 g)
2 EL Zitronensaft
weißer Pfeffer
1 Msp. Salz
2 EL Kräuter, feingehackt
1 TL Margarine
Muskat

Alufolie (Fisch muß gut verpackt werden)

Nährwert pro Portion:
Eiweiß: 30 g
Fett: 6 g
KH: 2 g
kcal/kJ: 180/707
Cholesterin: 83 mg
Kochsalz: 0,3 g
anrechenbare BE: 0,0

Forelle waschen und ausnehmen, mit **Zitronensaft** säuern, mit **Pfeffer** und **Salz** gut einreiben.
Kräuter, Margarine und **Muskat** gut verkneten. Mit dieser Mischung die Alufolie bestreichen (nur an den Stellen, wo der Fisch aufliegt oder bedeckt wird), die Forelle darauflegen und gut verschließen.

Nun den Fisch im vorgeheizten Rohr bei 220 °C ca. 15–20 Minuten braten.

Dazu passen: **Folienkartoffeln, Petersilienkartoffeln sowie diverse Blattsalate, Tomaten-, Karotten- und Grüne-Bohnen-/Fisolensalat.**

Fischragout

Zutaten für 2 Portionen:
200 g Kabeljaufilet
2 EL Weißweinessig
1 kleine Zwiebel
1 Bund Suppengrün
1 kleine Knoblauchzehe
150 g Champignons
20 g Schinkenspeck (ohne Fettrand)
1 Msp. Margarine
1 TL Olivenöl
1/8 l Rotwein, mild
1/4 l klare Brühe, salzarm (siehe Rezept, Seite 94)
Thymian
1 Lorbeerblatt
Pfeffer, frisch gemahlen
2 TL saure Sahne/ Sauerrahm
1/4 Bund Petersilie

Nährwert pro Portion:
Eiweiß: 26 g
Fett: 10 g
KH: 15 g
kcal/kJ: 289/1210
Cholesterin: 40 mg
Kochsalz: 1,7 g
anrechenbare BE: 0,0

Kabeljaufilet waschen, entgräten, in mundgerechte Stücke schneiden und auf einen Teller legen. Mit
Weißweinessig die Fischstücke säuern.
Zwiebel fein hacken.
Suppengrün putzen, waschen und feinnudelig schneiden.
Knoblauchzehe fein hacken,
Champignons waschen, putzen und vierteln,
Schinkenspeck kleinwürfelig schneiden.

Margarine und **Olivenöl** in einer Pfanne erhitzen und darin die vorbereitete Zwiebel goldgelb anrösten. Schinkenspeck, Suppengrün, Champignons sowie Knoblauch beigeben und kurz mitrösten. Das angeröstete Gemüse-Schinken-Gemisch mit
Rotwein und **klarer Brühe** aufgießen, mit den
Gewürzen abschmecken und ca. 15 Minuten dünsten.
Die vorbereiteten Fischstücke beigeben und in der Sauce 10–12 Minuten langsam garziehen lassen.

Petersilie fein hacken und vor dem Servieren zum Fischragout geben, mit
saurer Sahne/Sauerrahm garnieren und verfeinern.

Dazu passen: **Kümmelkartoffeln, Baguette, gemischter Salatteller.**

Fischauflauf

Zutaten für 2 Portionen:
1 Msp. Margarine
1 mittelgroße Zwiebel
100 ml Weißwein

200 g Schollenfilet
1 Msp. Salz
Pfeffer

150 g Karotten

für die Béchamelsauce:
1 TL Margarine
1 1/2 EL Mehl (21 g)
150 ml Milch, fettarm
evtl. etwas Wasser
Muskat
1 Msp. Salz

100 g Erbsen
2 Eiklar

Margarine für die Form

Nährwert pro Portion:
Eiweiß: 27 g
Fett: 7 g
KH: 27 g
kcal/kJ: 319/1335
Cholesterin: 55 mg
Kochsalz: 0,9 g
anrechenbare BE: 1,25

Margarine in einer beschichteten Pfanne zum Schmelzen bringen.
Zwiebel fein hacken, in der Margarine goldbraun rösten und mit
Weißwein ablöschen.

Schollenfilet säubern und würfelig schneiden, mit
Salz und **Pfeffer** würzen.
Die gewürzten Fischwürfel in der Zwiebel-Wein-Sauce ca. 1 Minute garziehen lassen, anschließend herausnehmen und zur Seite stellen.

Karotten blättrig schneiden und in wenig Wasser garen.

Béchamelsauce:
Margarine und **Mehl** kurz anrösten (das Mehl darf keine Farbe annehmen), mit
Milch aufgießen.
Die Sauce 1–2 Minuten unter ständigem Rühren aufkochen. Wird sie zu dick, einige Eßlöffel Wasser dazugeben. Mit
Muskat und **Salz** würzen.

Erbsen gemeinsam mit den gekochten Karotten zur Béchamelsauce geben, ebenso die Schollenstücke unterheben.
Eiklar zu einem festen Eischnee schlagen und zum Schluß unter die Auflaufmasse heben.
Die Masse in eine leicht befettete Auflaufform füllen und im vorgeheizten Rohr bei 200 °C ca. 30–45 Minuten backen.

Dazu passen: **Kümmelkartoffeln, diverse Blattsalate sowie Tomaten-, Karotten- und Selleriesalat.**

Fischfilets auf südländische Art

Zutaten für 2 Portionen:
200 g Fischfilets
1 Msp. Salz
Zitronensaft
Rosmarin
1 EL Mehl (15 g)
1 EL Öl
2 Tomaten
3 Sardellenfilets
5 Oliven
Basilikum
Origano
2 Msp. Margarineflocken

Nährwert pro Portion:
Eiweiß: 22 g
Fett: 17 g
KH: 8 g
kcal/kJ: 270/1138
Cholesterin: 30 mg
Kochsalz: 1,6 g
anrechenbare BE: 0,5

Fischfilets waschen, abtrocknen, von den Gräten befreien und auf einen Teller legen. Mit **Salz, Rosmarin** und **Zitronensaft** würzen. Den Fisch beidseitig in
Mehl eintauchen.
Öl in einer Pfanne erhitzen und die Fischfilets darin auf beiden Seiten goldbraun braten, anschließend in eine feuerfeste Pfanne legen.

Tomaten in Scheiben schneiden und auf den gebratenen Fisch legen, ebenso mit den
Oliven verfahren.
Sardellenfilets kreuzweise über die Tomaten geben, mit
Basilikum und **Origano** bestreuen.

Margarineflocken obenauf verteilen, anschließend im vorgeheizten Griller überbacken.

Dazu passen: **Petersilienkartoffeln, Baguette und gemischte Salate.**

Fischfilets in Currysauce

Zutaten für 2 Portionen:
200 g Fischfilets
1 Msp. Salz
2 EL Zitronensaft

für die Sauce:
1 kleine Zwiebel
1 TL Margarine
1 EL Currypulver
1 Prise Zimt
1 Msp. Salz
150 ml Weißwein
1 EL Sojasauce
1/2 Apfel (100 g)

Nährwert pro Portion:
Eiweiß: 19 g
Fett: 3 g
KH: 12 g
kcal/kJ: 203/850
Cholesterin: 33 mg
Kochsalz: 0,5 g
anrechenbare BE: 0,5

Fischfilets waschen, entgräten und auf einen Teller legen. Mit **Zitronensaft** und **Salz** würzen, anschließend 10 Minuten rasten lassen.

Currysauce:
Margarine in einer beschichteten Pfanne zum Schmelzen bringen.
Zwiebel fein hacken und in der Margarine hellbraun rösten.
Currypulver über die geröstete Zwiebel geben, kurz mitrösten. Das Ganze mit **Weißwein** aufgießen und mit **Sojasauce, Salz** und **Zimt** würzen.
Apfel fein schneiden und zur Sojasauce geben.

Nun die Sauce 15 Minuten dünsten lassen. Die marinierten Fischfilets obenauf legen und ca. 10 Minuten zugedeckt garen.

Dazu passen: **gedünsteter Naturreis, Baguette, ungezuckertes Ananaskompott und diverse Blattsalate.**

PUTENROLLBRATEN · PILZREIS

Rezepte auf Seiten 123, 156

RINDERBRATEN · KARTOFFELKLÖSSE/-KNÖDEL
Rezepte auf Seiten 124, 150

Steinbuttfilets in Zitronensauce

Zutaten für 2 Portionen:
200 g Steinbuttfilets
2 EL Zitronensaft
1 Msp. Salz

für die Sauce:
1 Msp. Margarine
1 kleine Zwiebel
150 ml Weißwein
1 TL Zitronenschale
1/16 l Milch
1 TL Zitronensaft
1 TL Mehl (7 g)
Tabasco
1 Msp. Salz

Zitronenschale zum Garnieren

Nährwert pro Portion:
Eiweiß: 19 g
Fett: 4 g
KH: 10 g
kcal/kJ: 199/836
Cholesterin: 62 mg
Kochsalz: 0,6 g
anrechenbare BE: 0,25

Steinbuttfilets waschen, entgräten und auf einen Teller legen. Mit **Salz** und **Zitronensaft** würzen.

Zitronensauce:
Margarine zerlaufen lassen,
Zwiebel fein hacken und darin goldbraun rösten. Die geröstete Zwiebel mit
Weißwein ablöschen.
Zitronenschale fein reiben (ungespritzte Ware verwenden) und zur Weinsauce geben.

Die vorbereiteten Steinbuttfilets in die Sauce legen und ca. 10 Minuten garen, herausnehmen und warmstellen.
Milch, Zitronensaft und **Mehl** gut miteinander vermischen und zum Binden der Fischsauce verwenden, kurz aufkochen lassen. Mit
Tabasco und **Salz** abschmecken.
Vor dem Servieren die Steinbuttfilets nochmals in der Sauce erwärmen.

Dazu passen: **Kräuterkartoffeln, Baguette, diverse Blattsalate und Gemüse natur (Karotten, Erbsen, Blumenkohl/Karfiol, Brokkoli u.ä.).**

Geschmorte Fischfilets

Zutaten für 2 Portionen:
200 g Rotbarschfilets
2 EL Zitronensaft
1 Msp. Salz
1 Msp. Margarine
1/2 mittelgroße Zwiebel
150 g Champignons
2 Tomaten
1/2 Bund Petersilie
100 ml Weißwein

Nährwert pro Portion:
Eiweiß: 22 g
Fett: 5 g
KH: 11 g
kcal/kJ: 211/886
Cholesterin: 38 mg
Kochsalz: 0,4 g
anrechenbare BE: 0,0

Rotbarschfilets waschen, entgräten und auf einen Teller legen, mit
Salz und **Zitronensaft** würzen. Eine Auflaufform mit
Margarine befetten, den vorbereiteten Fisch hineinlegen.

Zwiebel fein hacken und über den Fisch verteilen,
Champignons waschen, putzen und blättrig schneiden.
Tomaten schälen, in Scheiben schneiden und mit den Champignons schichtweise über die Fischfilets geben.
Petersilie fein hacken und darüberstreuen.

Weißwein über den Fisch gießen, das Ganze im vorgeheizten Rohr bei 200 °C ca. 20 Minuten zugedeckt schmoren. Nach 15 Minuten die Form öffnen und offen fertigschmoren lassen.

Dazu passen: **Kartoffelpüree, Kümmelkartoffeln, Baguette und diverse Blattsalate.**

Kabeljau in Zwiebelsauce

Zutaten für 2 Portionen:
200 g Kabeljaufilet
2 EL Zitronensaft
1 Msp. Salz
Pfeffer

für die Sauce:
1 große Zwiebel
1 Msp. Margarine
Pfeffer, frisch gemahlen
1 Msp. Salz
1/4 Bund Petersilie
100 ml Weißwein
150 ml Wasser
1 Lorbeerblatt
1 Knoblauchzehe
Wacholderbeeren
Pfefferkörner

Nährwert pro Portion:
Eiweiß: 19 g
Fett: 2 g
KH: 10 g
kcal/kJ: 170/710
Cholesterin: 30 mg
Kochsalz: 0,5 g
anrechenbare BE: 0,0

Kabeljaufilet waschen, entgräten, halbieren und auf einen Teller legen. Den Fisch mit **Salz**, **Pfeffer** und **Zitronensaft** würzen, anschließend 10 Minuten ziehen lassen.

Zwiebelsauce:
Zwiebel in Ringe schneiden,
Knoblauch fein hacken.
Margarine zerlaufen lassen und darin Zwiebel und Knoblauch goldbraun anrösten. Mit **Wein** und **Wasser** aufgießen, mit **Pfeffer**, **Salz**, **Wacholderbeeren** und dem **Lorbeerblatt** würzen.

Nun die vorbereiteten Fischfilets in die Sauce legen und 10–12 Minuten garziehen lassen. **Petersilie** fein hacken und vor dem Servieren über das Gericht streuen.

Dazu passen: **Kartoffelpüree, Petersilienkartoffeln, Baguette und diverse Salate (Blatt-, Gurken-, Tomaten-, Karottensalat u.ä.).**

Schollenröllchen

Zutaten für 2 Portionen:
2 Schollenfilets à 100 g
2 EL Zitronensaft
1 Msp. Salz
Pfeffer

für die Fülle:
2 Zitronenfiletscheiben
2 dünne Scheiben Schinkenspeck

für die Sauce:
1/2 TL Olivenöl
1 Knoblauchzehe
1 EL Tomatenpüree
100 ml Weißwein
Basilikum
Origano
feingehackte Petersilie

Nährwert pro Portion:
Eiweiß: 19 g
Fett: 6 g
KH: 3 g
kcal/kJ: 174/731
Cholesterin: 57 mg
Kochsalz: 1,0 g
anrechenbare BE: 0,0

Schollenfilets waschen und auf einen Teller legen. Den Fisch mit **Salz, Pfeffer** und **Zitronensaft** würzen, anschließend 10 Minuten ziehen lassen. Eine Scheibe **Schinkenspeck** auf jedes Schollenfilet legen. **Zitronenfiletscheiben** auf den Schinkenspeck legen, die Fischfilets zusammenrollen.

Sauce:
Olivenöl erwärmen.
Knoblauchzehe fein hacken und im Olivenöl goldgelb rösten,
Tomatenpüree beigeben. Die Sauce mit **Weißwein** aufgießen, gut durchmischen und kurz aufkochen.

Schollenröllchen einlegen, mit **Basilikum** und **Origano** würzen und zugedeckt ca. 10–15 Minuten garziehen lassen.
Petersilie fein hacken und vor dem Servieren beigeben.

Dazu passen: **Kartoffelpüree, Salz- oder Kümmelkartoffeln sowie diverse Salate und Gemüse natur.**

Fleisch

Fleischspeisen sollten wieder die Bedeutung des Sonntagsbratens bekommen.

DAHER:
Fleischspeisen maximal zweimal pro Woche in den Speisezettel aufnehmen!

Geschmorte Hühnerbrust auf Wirsingkohl

Zutaten für 2 Portionen:
2 Hühnerbrustfilets à 100 g
2 Blatt Schinkenspeck (30 g)
Pfeffer

für das Gemüse:
1 kleine Zwiebel
1 Knoblauchzehe
1 TL Margarine
1/2 kleiner Wirsingkohlkopf
2 hühnereigroße Kartoffeln, geschält (150 g)
1 mittelgroße Karotte
100 ml klare Brühe, salzarm (siehe Rezept, Seite 94)
1 Msp. Kochsalz
schwarzer Pfeffer, frisch gemahlen

Nährwert pro Portion:
Eiweiß: 31 g
Fett: 9 g
KH: 24 g
kcal/kJ: 297/1245
Cholesterin: 86 mg
Kochsalz: 1,4 g
anrechenbare BE: 1,0

Hühnerbrustfilets enthäuten, mit **Pfeffer** würzen und mit **Schinkenspeck** umwickeln. Anschließend die Hühnerbrustfilets in einer beschichteten Pfanne rundum ohne Fett anbraten, herausnehmen und warmstellen.

Gemüse:
Zwiebel und **Knoblauch** fein hacken. Die **Margarine** zum Schmelzen bringen und darin Zwiebel und Knoblauch anrösten. **Wirsingkohlkopf** vom Strunk befreien, in Streifen schneiden und waschen. **Kartoffeln** blättrig schneiden, **Karotte** putzen, waschen und nudelig schneiden.

Das vorbereitete Gemüse im Hühnerbratenrückstand kurz anrösten und mit der **klaren Brühe** aufgießen. Mit **Pfeffer** und **Salz** würzen, gut umrühren, die angebratenen Hühnerbrustfilets obenauf legen und zugedeckt ca. 20 Minuten dünsten.

Dazu passen: **Mehrkornbrot, Baguette und Salzkartoffeln.**

Putenrollbraten

Foto auf Seite 115

Zutaten für 2 Portionen:
200 g Putenrollbraten
im ganzen
Salz
weißer Pfeffer,
frisch gemahlen
Rosmarin
1 TL Öl
1 kleine Zwiebel
200 g Tomaten
1/4 l klare Brühe, salzarm
(siehe Rezept, Seite 94)
1 Lorbeerblatt
1 Msp. Salz
Basilikum
Origano

Nährwert pro Portion:
Eiweiß: 22 g
Fett: 6 g
KH: 6 g
kcal/kJ: 168/703
Cholesterin: 75 mg
Kochsalz: 0,5 g
anrechenbare BE: 0,0

Putenrollbraten kurz mit kaltem Wasser abspülen und abtrocknen.
Salz, Pfeffer und **Rosmarin** vermischen und damit den Rollbraten einreiben.

Öl in einer Bratpfanne erhitzen, den Braten hineinlegen und rundum goldbraun anbraten. Danach herausnehmen und zur Seite stellen.
Zwiebel fein hacken und ebenfalls im Bratenfett goldbraun anrösten.
Tomaten schälen, würfelig schneiden und zur gerösteten Zwiebel geben. Das Ganze mit **klarer Brühe** aufgießen, mit dem **Lorbeerblatt, Basilikum, Origano** und **Salz** abschmecken und gut umrühren.

Den Putenrollbraten dazugeben und im vorgeheizten Rohr bei 190 °C ca. 45 Minuten braten. Das Fleisch zwischendurch einige Male mit Bratensaft übergießen.

Dazu passen: **Pilzreis (siehe Rezept, Seite 156) und Brokkoli-Blumenkohl-/-Karfiol-Gemüse (siehe Rezept, Seite 178).**

Rinderbraten

Foto auf Seite 116

Zutaten für 2 Portionen:
200 g Beiried/Roastbeef
1 Msp. Salz
Pfeffer
1 TL scharfer Senf
30 g Schinkenspeck
1 Bund Suppengrün
1 Zwiebel
1/8 l Rotwein
1/4 l klare Brühe, salzarm (siehe Rezept, Seite 94)
1 Lorbeerblatt
Wacholderbeeren
Pfefferkörner
1 EL saure Sahne/ Sauerrahm

Nährwert pro Portion:
Eiweiß: 23 g
Fett: 23 g
KH: 11 g
kcal/kJ: 379/1593
Cholesterin: 83 mg
Kochsalz: 1,4 g
anrechenbare BE: 0,0

Beiried/Roastbeef von jedem sichtbaren Fett befreien und mit **Salz, Pfeffer** und **scharfem Senf** würzen. **Schinkenspeck** kleinwürfelig schneiden, in eine Pfanne geben und knusprig braten. Die gebratenen Schinkenspeckstückchen herausnehmen. Im verbliebenen Fett das Fleisch beidseitig scharf anbraten, herausnehmen und zur Seite stellen.

Suppengrün putzen, waschen und fein reißen. **Zwiebel** fein hacken und gemeinsam mit dem vorbereiteten Suppengrün im Bratenfett kurz anbraten. **Rotwein** und **klare Brühe** zum Ablöschen des angerösteten Gemüses verwenden.

Lorbeerblatt, Wacholderbeeren und **Pfefferkörner** gemeinsam mit dem Fleisch in die Sauce geben und ca. 45 Minuten bis 1 Stunde weichdünsten lassen. Das Fleisch herausnehmen, die Sauce passieren und mit **saurer Sahne/Sauerrahm** verfeinern.

Dazu passen: **Nudeln, Kartoffelklöße/-knödel (siehe Rezept, Seite 150), diverse Blattsalate sowie Gemüse natur (Karotten, Rosenkohl/Kohlsprossen).**

Rindschnitzel Esterházy

Zutaten für 2 Portionen:
2 Rindschnitzel à 100 g
1 Msp. Salz
schwarzer Pfeffer
1 TL Öl

für die Sauce:
1 große Zwiebel
1 Knoblauchzehe
1 Bund Suppengrün
1 kleine Lauchstange
1/16 l Tomatensaft
1/16 l Weißwein
1/8 l klare Brühe, salzarm
(siehe Rezept, Seite 94)
Pfefferkörner
1 Lorbeerblatt
Thymian
1/2 TL Kapern
1 EL saure Sahne/
Sauerrahm

Nährwert pro Portion:
Eiweiß: 25 g
Fett: 8 g
KH: 17 g
kcal/kJ: 259/1085
Cholesterin: 73 mg
Kochsalz: 0,5 g
anrechenbare BE: 0,0

Rindschnitzel mit kaltem Wasser abspülen, abtrocknen und beidseitig klopfen. Mit **Salz** und **Pfeffer** würzen.
Öl in einer Pfanne erhitzen und darin die Schnitzel beidseitig scharf anbraten, herausnehmen und zur Seite stellen.

Sauce:
Zwiebel und **Knoblauchzehe** fein hacken und im Bratenrückstand des Fleisches goldbraun anrösten.
Suppengrün waschen, putzen und fein reißen, zur Zwiebel geben und mitrösten.
Lauch putzen, waschen, nudelig schneiden und ebenfalls dazugeben.
Tomatensaft, Weißwein und **klare Brühe** zum Aufgießen der Sauce verwenden, gut umrühren. Jetzt mit **Pfefferkörnern, Lorbeerblatt** und **Thymian** abschmecken, das Fleisch wieder in die Sauce legen und weichdünsten (je nach Fleischart 30–60 Minuten lang).

Anschließend die Schnitzel wieder herausnehmen und warmstellen, die Sauce passieren.
Kapern fein hacken und dazugeben, mit **saurer Sahne/Sauerrahm** verfeinern.

Dazu passen: **Nudeln, Naturreis, Serviettenknödel (österreichische Spezialität) sowie diverse Blattsalate.**

Rinderrouladen

Zutaten für 2 Portionen:
2 Rindschnitzel à 120 g
2 Msp. Salz
Pfeffer

für die Fülle:
1 altbackenes Weizenschrotbrötchen/Grahamweckerl
4 EL Milch, fettarm
1 Eiklar
25 g Schnittkäse, mild (25 % F. i. T.)
2 Champignons
2 EL grüne Erbsen
1 TL Sojamehl, entfettet
Muskat
1 Prise Salz
weißer Pfeffer
1 TL Öl
1/4 l klare Brühe, salzarm (siehe Rezept, Seite 94)

Nährwert pro Portion:
Eiweiß: 35 g
Fett: 10 g
KH: 14 g
kcal/kJ: 294/1234
Cholesterin: 93 mg
Kochsalz: 1,2 g
anrechenbare BE: 0,1

Rindschnitzel abspülen, abtrocknen, klopfen und auf einen Teller legen, mit **Salz** und **Pfeffer** würzen.

Fülle:
Weizenschrotbrötchen/Grahamweckerl kleinwürfelig schneiden und in eine Schüssel geben.
Milch und **Eiklar** gut miteinander versprudeln und über die Brotwürfel gießen, ca. 10 Minuten ziehen lassen.
Schnittkäse kleinwürfelig schneiden, **Champignons** fein hacken.

Erbsen mit dem Käse und den Champignons zur Fülle geben, gut durchmischen und **Sojamehl** unterrühren. Die Fülle mit **Muskat, Salz** und **Pfeffer** würzen, nochmals gut durchmischen und damit die vorbereiteten Rindschnitzel füllen, einrollen und zusammenbinden.
Öl in einer Pfanne erhitzen und darin die Rouladen rundum gut anbraten. Das Ganze mit **klarer Brühe** aufgießen, gut zudecken und weichdünsten lassen.

Dazu passen: **Naturreis, Petersilienkartoffeln, Gemüse natur sowie diverse Blattsalate.**

Butterschnitzel

Zutaten für 2 Portionen:
200 g Kalbsschulter
2 EL Hafermark (20 g)
2 EL Milch, fettarm
1 Msp. Salz
Muskat
1 TL Kräuter, feingehackt
1 TL Sojamehl, entfettet
1 Eiklar

20 g Margarine zum Herausbraten

Nährwert pro Portion:
Eiweiß: 25 g
Fett: 14 g
KH: 9 g
kcal/kJ: 252/1057
Cholesterin: 91 mg
Kochsalz: 0,5 g
anrechenbare BE: 0,5

Kalbsschulter durch den Fleischwolf drehen/faschieren und in eine Schüssel geben. **Hafermark** mit **Milch** vermischen und zum Kalbshackfleisch geben.

Salz, Muskat, Kräuter, Sojamehl und **Eiklar** beigeben und alles gut durchmischen, so daß ein geschmeidiger Teig entsteht. Daraus Laibchen formen.

Margarine in einer beschichteten Pfanne zerlaufen lassen und die Laibchen langsam braten.

Dazu passen: **Kartoffelpüree, Petersilienkartoffeln, Gemüse natur und diverse Salate.**

Schweinsfilet in Senfsauce

Zutaten für 2 Portionen:
200 g Schweinsfilet
1 Msp. Salz
Kümmel
1 TL Öl

für die Sauce:
1 kleine Zwiebel
1/4 l Weißwein
1/2 TL Mehl
1 EL saure Sahne/ Sauerrahm
1 Msp. Salz
1 TL Senf
1 Gewürzgurke

Nährwert pro Portion:
Eiweiß: 20 g
Fett: 13 g
KH: 7 g
kcal/kJ: 311/1306
Cholesterin: 72 mg
Kochsalz: 0,3 g
anrechenbare BE: 0,25

Schweinsfilet von den Sehnen und allem sichtbaren Fett befreien, mit
Salz und **Kümmel** würzen.
Öl in einer Pfanne erhitzen und darin das Fleisch rundum gut anbraten, anschließend herausnehmen.

Sauce:
Zwiebel fein hacken und im Bratenrückstand goldbraun rösten. Die Sauce mit
Weißwein aufgießen, das Fleisch beigeben und ca. 25 Minuten dünsten. Danach das Fleisch wieder herausnehmen und warmstellen.

Mehl, saure Sahne/Sauerrahm, Salz und **Senf** gut miteinander vermischen und damit die Sauce binden.
Das Ganze nochmals ca. 1–2 Minuten lang aufkochen.
Gewürzgurke nudelig schneiden und dazugeben. Schweinsfilet in 1 Zentimeter dicke Scheiben schneiden und mit der Sauce servieren.

Dazu passen: **Naturreis, Nudeln, Kräuterkartoffeln und diverse Salate.**

Geschmorte Schweinskoteletts

Zutaten für 2 Portionen:
2 Schweinskoteletts
vom Lungenbratenstück
à 120 g (inkl. Knochen)
1 Msp. Salz
Kümmel
Knoblauch, zerdrückt
1 TL Öl
20 g Lachsschinken
100 g Karotten
75 g Sellerie
1/4 l klare Brühe, salzarm
(siehe Rezept, Seite 94)
1 Lorbeerblatt
100 g Champignons
2 hühnereigroße Kartoffeln,
geschält (150 g)
50 g grüne Erbsen
1/4 Bund Petersilie

Nährwert pro Portion:
Eiweiß: 28 g
Fett: 8 g
KH: 24 g
kcal/kJ: 286/1198
Cholesterin: 78 mg
Kochsalz: 0,7 g
anrechenbare BE: 1,25

Schweinskoteletts abspülen, abtrocknen und auf einen Teller legen.
Salz und **Kümmel** mit dem **zerdrückten Knoblauch** zu einer Gewürzpaste vermischen und damit das Fleisch einreiben.
Öl in einer Pfanne erhitzen, darin die Koteletts beidseitig rasch abbraten, herausnehmen und warmstellen.

Lachsschinken nudelig schneiden.
Karotten und **Sellerie** putzen, waschen, nudelig schneiden und mit dem Lachsschinken im Bratenrückstand anrösten. Das Ganze mit der **klaren Brühe** ablöschen.
Lorbeerblatt zur Sauce geben.
Champignons putzen, waschen und blättrig schneiden.

Kartoffeln in 5 Millimeter dicke Scheiben schneiden und mit den Champignons zur Sauce geben. Die abgebratenen Fleischstücke obenauf legen und ca. 30 Minuten weichdünsten lassen.
Erbsen 5 Minuten vor Garende beigeben,
Petersilie fein hacken und zum Schluß zur Sauce geben.

Dazu passen: **Petersilienkartoffeln und diverse Salate.**

Schweinsgulyas

Zutaten für 2 Portionen:
200 g Schweinskeule
1 TL Öl
1 mittelgroße Zwiebel
1 Knoblauchzehe
1 EL Essig
1/8 l klare Brühe, salzarm
(siehe Rezept, Seite 94)
1 geh. TL Edelsüßpaprika
1 Msp. Salz
Kümmel
1/16 l Tomatensaft
1/16 l Milch, fettarm
1/2 TL Zitronensaft
1 gestr. TL Mehl

Nährwert pro Portion:
Eiweiß: 19 g
Fett: 26 g
KH: 8 g
kcal/kJ: 343/1441
Cholesterin: 73 mg
Kochsalz: 0,4 g
anrechenbare BE: 0,25

Schweinskeule von allem überflüssigen Fett befreien und in Würfel schneiden.
Öl in einer Pfanne erhitzen und die Fleischwürfel darin rasch anbraten.
Zwiebel und **Knoblauch** fein hacken und zu den Fleischwürfeln geben. Dann das Gulyas mit **Essig** ablöschen und mit der **klaren Brühe** aufgießen.
Paprikapulver, Salz, Kümmel und **Tomatensaft** beigeben, alles gut vermischen und weichdünsten.

Milch mit **Mehl** und **Zitronensaft** verrühren und damit zum Schluß das Gulyas binden, nochmals aufkochen lassen.

Dazu passen: **Naturreis, Nudeln, Spätzle und Kümmelkartoffeln sowie diverse Blattsalate.**

Schweinshaxe

Zutaten für 6 Portionen:
1 kleine Schweinshaxe (1,0–1,3 kg)
1 Bund Suppengrün
1/2 TL Salz
Wasser
3 Knoblauchzehen
Kümmel

Nährwert pro Portion:
Eiweiß: 20 g
Fett: 27 g
KH: 0 g
kcal/kJ: 320/1343
Cholesterin: 82 mg
Kochsalz: 0,9 g
anrechenbare BE: 0,0

Schweinshaxe von etwaigen Borsten befreien.
Suppengrün putzen und in reichlich Wasser zum Kochen bringen.
Salz beigeben, das Fleisch ca. 90 Minuten in dem Sud kochen, danach herausnehmen. Die Suppe aufheben.
Vor dem Weiterverarbeiten der Schweinshaxe die Schwarte kreuzweise einschneiden (schröpfen).

Knoblauch zerdrücken und damit die Haxe einreiben,
Kümmel darüberstreuen. Das Fleisch in eine passende Bratform geben, ca. 2 Zentimeter hoch Suppe einfüllen und nun die Haxe im Rohr nochmals 75–90 Minuten unter mehrmaligem Umdrehen braten.

Vor dem Servieren alles sichtbare Fett sowie die Schwarte und den Knochen entfernen, es bleibt ca. 500 Gramm verzehrbarer magerer Fleischanteil übrig.

Dazu passen: **Petersilienkartoffeln, Kartoffelklöße/-knödel (siehe Rezept, Seite 150), Semmelknödel (österreichische Spezialität), Naturreis, gedünstetes Kraut (siehe Rezept, Seite 177) und gedünsteter Wirsingkohl.**

Schweinsbraten

(österreichische Spezialität)

Zutaten für 6 Portionen:
700 g kurzes Schweinskarree vom Filetstück mit Knochen
4 Knoblauchzehen
1/2 TL Salz
Kümmel
Wasser

Nährwert pro Portion:
Eiweiß: 13 g
Fett: 26 g
KH: 0 g
kcal/kJ: 280/1176
Cholesterin: 58 mg
Kochsalz: 0,8 g
anrechenbare BE: 0,0

Schweinskarree mit kaltem Wasser abspülen.
Knoblauchzehen zerdrücken und über das Fleisch verteilen, mit
Salz und **Kümmel** würzen.

Eine passende Bratform 2 Zentimeter hoch mit Wasser anfüllen, das Fleischstück hineinlegen und ca. 90 Minuten bei 220 °C braten. Falls notwendig, noch etwas heißes Wasser zugeben.
Vor dem Servieren den Schweinsbraten von den Knochen befreien und portionieren.

Dazu passen: **Petersilienkartoffeln, Kartoffelklöße/-knödel (siehe Rezept, Seite 150), Semmelknödel (österreichische Spezialität), Naturreis, Krautsalat, Gurkensalat, diverse Blattsalate, gedünstetes Kraut (siehe Rezept, Seite 177) und gedünsteter Wirsingkohl.**

Lammragout mit Gemüse

Zutaten für 2 Portionen:
200 g ausgelöste Lammschulter
1 TL Öl
1 große Zwiebel
1 Knoblauchzehe
1/16 l Tomatensaft
1/16 l Weißwein
1/8 l klare Brühe, salzarm (siehe Rezept, Seite 94)
2 Msp. Salz
Pfeffer
Thymian

1 TL Petersilie, feingehackt

für das Gemüse:
100 g grüne Bohnen/ Fisolen
100 g Karotten
100 g Champignons
50 g grüne Erbsen

Nährwert pro Portion:
Eiweiß: 26 g
Fett: 7 g
KH: 20 g
kcal/kJ: 267/1120
Cholesterin: 70 mg
Kochsalz: 0,6 g
anrechenbare BE: 0,25

Lammschulter in Würfel schneiden.
Öl in einer Pfanne erhitzen und darin die Fleischwürfel anbraten.
Zwiebel und **Knoblauch** fein hacken, dazugeben und mitrösten. Mit
Tomatensaft, Weißwein und **klarer Brühe** das Ragout aufgießen.
Salz, Pfeffer und **Thymian** beigeben, alles gut durchmischen und 30 Minuten dünsten lassen.

Gemüse:
Grüne Bohnen/Fisolen waschen, putzen und in Stücke brechen,
Karotten waschen, putzen, blättrig schneiden.
Champignons ebenfalls putzen, waschen und blättrig schneiden, mit dem restlichen Gemüse zum Ragout geben und ca. 25 weitere Minuten fertigdünsten.

Petersilie fein hacken und vor dem Servieren das Ragout damit verfeinern.

Dazu passen: **Kartoffeln und diverse Salate.**

Überkrustete Schinkennudeln

Foto auf dem Schutzumschlag

Zutaten für 2 Portionen:
120 g weiße und grüne Bandnudeln (Rohgewicht)
1 Prise Salz
Wasser
120 g Schinken
1/4 l Magerjoghurt
1 TL Öl
1/4 Bund Petersilie
Pfeffer, frisch gemahlen
Muskat
60 g Edamer (35 % F. i. T.)
Paprikapulver, edelsüß

Nährwert pro Portion:
Eiweiß: 31 g
Fett: 21 g
KH: 50 g
kcal/kJ: 517/2170
Cholesterin: 124 mg
Kochsalz: 2,0 g
anrechenbare BE: 4,5

Bandnudeln in reichlich leicht gesalzenem Wasser kernweich kochen, abseihen und mit kaltem Wasser abschrecken, gut abtropfen lassen.
Schinken feinnudelig schneiden.
Magerjoghurt in ein Filterpapier (Kaffeefilter) geben und gut abtropfen lassen.
Öl mit dem abgetropften Magerjoghurt vermischen.

Petersilie fein hacken,
Pfeffer und **Muskat** mit der Petersilie zum Joghurt geben. Die Schinkenstreifen und die Joghurtmischung unter die Bandnudeln heben. Nun die Schinkennudeln portionsweise anrichten.

Edamer reiben und über die Nudeln verteilen, **Paprikapulver** darüberstreuen und im Griller gratinieren.

Dazu passen: **diverse Blattsalate, Tomaten- und Gurkensalat.**

Quark-/Topfen-Schinken-Laibchen

Zutaten für 2 Portionen:
1/2 Zwiebel
50 g Magerschinken
1 Msp. Margarine
1/4 Bund Petersilie
1/4 kg Magerquark/-topfen
1 Ei
1 Knoblauchzehe
3 EL Paniermehl/Brösel (45 g)
Pfeffer, frisch gemahlen
Muskatnuß

Nährwert pro Portion:
Eiweiß: 27 g
Fett: 11 g
KH: 26 g
kcal/kJ: 317/1332
Cholesterin: 153 mg
Kochsalz: 0,8 g
anrechenbare BE: 1,5

Zwiebel fein hacken.
Schinken kleinwürfelig schneiden.
Margarine zum Schmelzen bringen und darin die Zwiebel und den Schinken goldgelb rösten, dann auskühlen lassen.
Petersilie fein hacken und in eine Schüssel geben, den
Magerquark/-topfen und das versprudelte
Ei dazumischen. Die
Knoblauchzehe durch eine Knoblauchpresse drücken und unter die Quarkmasse mischen.
Paniermehl/Brösel zum Binden gemeinsam mit dem Zwiebel-Schinken-Gemisch unter den Quark rühren, mit
Pfeffer und **Muskatnuß** würzen.

Salz wird bei diesem Gericht nicht benötigt, da der Schinken genügend davon abgibt.

Die Masse gut durchmischen, 4 gleich große Laibchen formen, auf ein mit Backpapier belegtes Backblech legen und im vorgeheizten Rohr bei 200 °C ca. 20 Minuten goldbraun backen.

Dazu passen: **alle Salate.**

Kartoffel-Schinken-Puffer

Foto auf Seite 165

Zutaten für 2 Portionen:
375 g geschälte mehlige Kartoffeln
1 Ei
1 EL Weizenvollkornmehl (15 g)
1 EL Schnittlauchröllchen
1/2 TL Salz
80 g Selchfleisch
1 mittelgroße Zwiebel

1 TL Öl zum Herausbacken

Nährwert pro Portion:
Eiweiß: 17 g
Fett: 14 g
KH: 40 g
kcal/kJ: 357/1492
Cholesterin: 164 mg
Kochsalz: 1,4 g
anrechenbare BE: 3,0

Kartoffeln fein reiben, in ein Tuch geben, gut ausdrücken und in einer Schüssel mit dem versprudelten
Ei vermischen.
Weizenvollkornmehl, Schnittlauchröllchen und **Salz** beigeben, nun den Teig gut durchmischen.
Selchfleisch fein hacken,
Zwiebel ebenfalls fein hacken und mit dem Selchfleisch unter die Puffer-Masse mischen.

Öl in einer beschichteten Pfanne erhitzen. Mit einem Eßlöffel kleine Puffer formen und in der Pfanne beidseitig goldbraun backen.

Dazu passen: **diverse Blattsalate, Gurken-, Tomaten-, Karotten- und Selleriesalat.**

Hauptspeisen ohne Fleisch und Fisch

**sollen auch Diabetiker
zwei- bis dreimal pro Woche
zu sich nehmen.**

Kichererbsenlaibchen

Zutaten für 2 Portionen:
120 g Kichererbsen
1 kleine Zwiebel
1 TL Margarine
1 Msp. Koriander
Kümmel
1/2 TL Salz
Pfeffer, frisch gemahlen
100 ml klare Brühe, salzarm
(siehe Rezept, Seite 94)
1 EL Vollkornmehl (15 g)
1 Eiklar

Nährwert pro Portion:
Eiweiß: 14 g
Fett: 5 g
KH: 41 g
kcal/kJ: 265/1113
Cholesterin: 0 mg
Kochsalz: 0,5 g
anrechenbare BE: 3,5

Kichererbsen über Nacht in Wasser quellen lassen, das Wasser muß 2 Finger breit über den Kichererbsen stehen. Am nächsten Tag die Erbsen ca. 15 Minuten weichkochen, gut abtropfen lassen und durch den Fleischwolf drehen/faschieren.
Zwiebel fein hacken.
Margarine in einer beschichteten Pfanne zerlaufen lassen und darin die Zwiebel goldbraun braten, überkühlen lassen und zu den Kichererbsen geben.

Koriander, Kümmel, klare Brühe, Salz und **Pfeffer** beigeben und gut durchmischen. Nun **Vollkornmehl** und **Eiklar** untermischen, Laibchen formen, auf ein mit Backpapier belegtes Backblech legen und im vorgeheizten Rohr bei 190 °C ca. 20 Minuten backen.

Dazu passen: **alle Salate und Gemüse.**

Champignonrolle

Zutaten für 2 Portionen:
1/2 Packung Plunderteig
(165 g, Tiefkühlware)

für die Fülle:
250 g Champignons
1 mittelgroße Zwiebel
1 Knoblauchzehe
1 TL Margarine
1/4 Bund Petersilie
1 Msp. Kochsalz
Pfeffer, frisch gemahlen

1/6 Ei zum Bestreichen des Strudels

Nährwert pro Portion:
Eiweiß: 12 g
Fett: 26 g
KH: 34 g
kcal/kJ: 417/1742
Cholesterin: 127 mg
Kochsalz: 0,3 g
anrechenbare BE: 2,3

Plunderteig nach Anleitung vorbereiten.

Fülle:
Champignons waschen, putzen und blättrig schneiden.
Zwiebel und **Knoblauchzehe** fein hacken.
Margarine in einer beschichteten Pfanne zum Schmelzen bringen, Zwiebel und Knoblauch dazugeben und goldgelb anrösten. Jetzt die Champignons beigeben und gut durchrösten.
Petersilie fein hacken und zu den Champignons geben, mit
Salz und **Pfeffer** würzen.

Die Fülle über den vorbereiteten Plunderteig verteilen und diesen einrollen.
Ei gut versprudeln und zum Bestreichen des Strudels verwenden.
Den Strudel im vorgeheizten Rohr bei 200 °C ca. 25–30 Minuten backen.

Dazu passen: **alle Salate.**

Tomaten-Zucchini-Auflauf

Zutaten für 2 Portionen:

für den Teig:
1 Ei
150 ml Milch, fettarm
1 EL Weizenvollkornmehl (15 g)
1 EL Weizenmehl (15 g)
1 TL Weizenkeime
1 Msp. Kochsalz
1 Msp. eingelegte grüne Pfefferkörner

150 g Tomaten
200 g Zucchini
Basilikum, Origano
grüner Pfeffer, frisch gemahlen

für die Form:
1/2 TL Olivenöl
1 TL Weizenkeime

Nährwert pro Portion:
Eiweiß: 10 g
Fett: 7 g
KH: 19 g
kcal/kJ: 177/744
Cholesterin: 137 mg
Kochsalz: 0,4 g
anrechenbare BE: 1,2

Teig:
Ei und **Milch** in eine Schüssel geben und gut versprudeln.
Weizenvollkornmehl, Weizenmehl, Weizenkeime, Salz und die **grünen Pfefferkörner** mit dem Milch-Ei-Gemisch verrühren und danach 15 Minuten rasten lassen.

Tomaten und **Zucchini** blättrig schneiden.
Eine Form mit **Olivenöl** befetten und mit **Weizenkeimen** ausstreuen.

Das blättrig geschnittene Gemüse dachziegelartig in die Form einschichten und mit **Basilikum, Origano** und **grünem Pfeffer** würzen. Den Teig über das Gemüse verteilen und anschließend im vorgeheizten Rohr bei 220 °C ca. 20–30 Minuten backen.

Dazu passen: **alle Blattsalate.**

Gemüsecurry

Zutaten für 2 Portionen:
1 kleine Zwiebel
1 Knoblauchzehe
1 TL Margarine
Ingwer, Zimt
3 TL Currypulver
2 EL Zitronensaft
1/8 l Weißwein, trocken
1/8 l Wasser
1/2 Blumenkohl/Karfiol
1 mittelgroße Karotte
100 g grüne Bohnen/ Fisolen
2 mittelgroße Tomaten
50 g grüne Erbsen
1/2 TL Kochsalz
Tabasco
1/2 TL Stärkemehl
2 EL Wasser

Nährwert pro Portion:
Eiweiß: 7 g
Fett: 3 g
KH: 24 g
kcal/kJ: 189/793
Cholesterin: 0 mg
Kochsalz: 0,6 g
anrechenbare BE: 0,5

Zwiebel und **Knoblauch** fein hacken.
Margarine zum Schmelzen bringen und darin Zwiebel und Knoblauch goldbraun rösten.
Ingwer, Zimt und **Currypulver** beigeben und kurz mitrösten. Mit
Zitronensaft ablöschen und mit
Weißwein und **Wasser** aufgießen.

Blumenkohl/Karfiol in kleine Röschen teilen und zur Currysauce geben.
Karotte schälen und blättrig schneiden, die
grünen Bohnen/Fisolen putzen und in 1 Zentimeter lange Stücke schneiden.
Die Gemüsestückchen in der Currysauce weichdünsten lassen, die
Tomaten schälen, entkernen und dazugeben.
Erbsen 5 Minuten vor dem Servieren beigeben, mit
Salz und **Tabasco** abschmecken.
Stärkemehl mit **Wasser** vermischen und damit das Gemüsecurry binden.

Dazu passen: **Naturreis und diverse Blattsalate.**

Pikanter Bohneneintopf

Zutaten für 2 Portionen:
1 Zwiebel
1 Knoblauchzehe
1 TL Öl
1 rote Paprikaschote
1 grüne Paprikaschote
1 kleiner Pfefferoni
250 g Tomaten (Dosenware)
2 Msp. Salz
Pfefferkörner
1 kleines Lorbeerblatt
100 g rote Bohnen, gekocht
100 g weiße Bohnen, gekocht

Nährwert pro Portion:
Eiweiß: 5 g
Fett: 3 g
KH: 18 g
kcal/kJ: 122/506
Cholesterin: 0 mg
Kochsalz: 1,0 g
anrechenbare BE: 2,0

Zwiebel und **Knoblauchzehe** fein hacken.
Öl in einer Pfanne erwärmen und darin das Zwiebel-Knoblauch-Gemisch goldbraun rösten.
Paprikaschoten und **Pfefferoni** feinnudelig schneiden,
Tomaten ebenso fein schneiden, mit den Paprikaschoten zur Zwiebel geben und 20 Minuten dünsten.

Salz, Pfefferkörner und das **Lorbeerblatt** beigeben und gut durchmischen. Jetzt die **Bohnen** dazugeben und 15 Minuten fertigdünsten lassen.

Dazu passen: **deftige Brotsorten und Kümmelkartoffeln.**

Kartoffelpizza

Zutaten für 2 Portionen:

für den Teig:

375 g geschälte, gekochte mehlige Kartoffeln
1 EL Mehl
1 Eiklar
1 TL Sojamehl, entfettet
1/2 TL Olivenöl

für den Belag:

1 EL Tomatenmark
300 g Tomaten
1 Zwiebel
1 Stange Lauch
Basilikum
Origano
schwarzer Pfeffer, frisch gemahlen
6 schwarze Oliven
150 g Mozzarella
1/2 TL Olivenöl
2 Msp. Salz

Nährwert pro Portion:
Eiweiß: 19 g
Fett: 12 g
KH: 48 g
kcal/kJ: 393/1650
Cholesterin: 10 mg
Kochsalz: 1,2 g
anrechenbare BE: 3,0

Teig:

Kartoffeln noch heiß passieren.
Mehl, Eiklar, Sojamehl und **Olivenöl** zu den noch warmen passierten Kartoffeln geben und zu einem geschmeidigen Teig verarbeiten.
Eine Tortenform mit Backpapier auslegen, den Boden der Form mit Kartoffelteig bedecken und am Rand 2 Zentimeter hochziehen.

Belag:

Tomatenmark auf den Kartoffelteig streichen.
Tomaten in Scheiben schneiden und auf den Pizzaboden legen,
Zwiebel ringelig schneiden und auf die Tomaten legen.
Lauch nudelig schneiden und über die Pizza verteilen.
Basilikum, Origano, Pfeffer und **Oliven** gleichmäßig über das Gemüse verteilen.
Mozzarella in Scheiben schneiden und auf das Gemüse legen.

Olivenöl darübertropfen, salzen und nun die Pizza im vorgeheizten Rohr bei 200 °C ca. 25–30 Minuten backen, der Käse muß zum Schmelzen kommen.

Dazu passen: **alle Salate.**

Blumenkohl-/Karfiolauflauf

Zutaten für 2 Portionen:
1 mittelgroßer Blumenkohl/Karfiol

für die Béchamel:
1 TL Margarine
2 EL Mehl
200 ml fettarme Milch
40 g Parmesan
Muskat
1 Msp. Salz

100 g grüne Erbsen
2 Eiklar

für die Form:
1 Msp. Margarine
1 TL Paniermehl/Brösel

Nährwert pro Portion:
Eiweiß: 22 g
Fett: 11 g
KH: 33 g
kcal/kJ: 326/1371
Cholesterin: 7 mg
Kochsalz: 0,8 g
anrechenbare BE: 2,0

Blumenkohl/Karfiol waschen, putzen und kernweich kochen.

Béchamelsauce:
Margarine zum Schmelzen bringen.
Mehl in der Margarine kurz anrösten, es darf keine Farbe annehmen. Die Béchamelsauce mit
Milch aufgießen, gut verrühren und 2 Minuten kochen lassen.
Parmesan, Muskat und **Salz** unter die Sauce rühren.

Nun den Blumenkohl in kleine Röschen teilen und zur Béchamelsauce geben.
Erbsen unterrühren.
Eiklar zu einem festen Eischnee schlagen und unter die Gemüseauflaufmasse heben.

Eine Form mit
Margarine ausfetten und mit
Paniermehl/Bröseln ausstreuen.
Den Auflauf in die Form füllen und im vorgeheizten Rohr bei 190 °C ca. 30–45 Minuten backen.

Dazu passen: **Petersilienkartoffeln und alle Salate.**

Maisgrießgnocchi mit Wurzelgemüse

Zutaten für 2 Portionen:

für die Gnocchi:
300 ml fettarme Milch
90 g Maisgrieß
2 Msp. Salz
Muskat, gerieben
1 EL Parmesan, gerieben

1 TL Margarine

für das Wurzelgemüse:
1/4 Knollensellerie
2 Karotten
3 Frühlingszwiebeln
1 Knoblauchzehe
100 ml Weißwein
Pfefferkörner
1 kleines Lorbeerblatt
2 Msp. Salz

Nährwert pro Portion:
Eiweiß: 13 g
Fett: 7 g
KH: 54 g
kcal/kJ: 366/1538
Cholesterin: 11 mg
Kochsalz: 0,8 g
anrechenbare BE: 3,5

Maisgrießgnocchi:
Milch zum Kochen bringen.
Maisgrieß in die Milch einrühren, mit **Salz** und **Muskat** würzen. Die Masse so lange kochen, bis sie sich vom Topfrand löst. Nun **Parmesan** unterrühren. Die Masse in eine ausgespülte Form füllen und kalt werden lassen, danach in Rhomben schneiden.

Margarine in einer beschichteten Pfanne zum Schmelzen bringen und die Maisgrießgnocchi darin goldbraun braten.

Wurzelgemüse:
Knollensellerie und **Karotten** waschen, putzen und nudelig schneiden, die **Frühlingszwiebeln** ebenfalls nudelig schneiden.
Knoblauchzehe fein hacken.
Weißwein, Pfefferkörner und das **Lorbeerblatt** mit **Salz** zum Kochen bringen und darin das Gemüse kernweich dünsten.

Dazu passen: **alle Salate.**

Gemüserisotto

Zutaten für 2 Portionen:
1/2 Blumenkohl/Karfiol
150 g grüne Bohnen/ Fisolen
100 g Karotten
1 mittelgroße Zwiebel
1 TL Margarine
90 g Rundkornreis
1/2 TL Salz
Pfeffer, frisch gemahlen
1/4 l klare Brühe, salzarm (siehe Rezept, Seite 94)
50 g Erbsen
1 EL Petersilie, feingehackt
50 g Schnittkäse (25 % F. i. T.)

Nährwert pro Portion:
Eiweiß: 17 g
Fett: 8 g
KH: 55 g
kcal/kJ: 371/1552
Cholesterin: 13 mg
Kochsalz: 1,0 g
anrechenbare BE: 3,25

Blumenkohl/Karfiol in kleine Röschen teilen.
Grüne Bohnen/Fisolen putzen und in 1 Zentimeter lange Stücke schneiden.
Karotten waschen, putzen und blättrig schneiden.
Zwiebel fein hacken.

Margarine zum Schmelzen bringen, darin die Zwiebel goldgelb rösten und das vorbereitete Gemüse kurz mitrösten.
Rundkornreis zum Gemüse geben.
Salz, Pfeffer, klare Brühe und **Erbsen** ebenfalls dazugeben, alles gut durchmischen.

Das Risotto unter mehrmaligem Umrühren dünsten, dann die
Petersilie daruntermischen.
Schnittkäse reiben und vor dem Servieren das Risotto damit bestreuen.

Dazu passen: **alle Salate.**

Zucchini, mit Hirse gefüllt

Zutaten für 2 Portionen:
für die Fülle:
1 mittelgroße Zwiebel
1 TL Öl
100 g Hirse
1/2 TL Salz
Pfeffer, frisch gemahlen
180 ml klare Brühe, salzarm
(siehe Rezept, Seite 94)
1 EL gemischte Kräuter, feingehackt

2 mittelgroße Zucchini
75 g Schnittkäse
(25 % F. i. T.)

1 TL Margarine

Nährwert pro Portion:
Eiweiß: 18 g
Fett: 13 g
KH: 49 g
kcal/kJ: 386/1615
Cholesterin: 20 mg
Kochsalz: 1,2 g
anrechenbare BE: 2,5

Hirsefülle:
Zwiebel fein hacken.
Öl in einem kleinen Topf erwärmen und darin die Zwiebel goldgelb rösten.
Hirse beigeben und kurz mitrösten. Mit **Salz** und **Pfeffer** würzen. Danach mit der **klaren Brühe** aufgießen und ca. 20 Minuten ausdünsten.
Frische Kräuter unter die ausgedünstete Hirse mischen.

Zucchini halbieren, aushöhlen, das anfallende Fruchtfleisch fein hacken und unter die Hirse rühren.
Schnittkäse reiben und mit der Hirsefülle vermischen. Die Fülle in die vorbereiteten Zucchinihälften füllen.

Margarine in Flocken über die Zucchinihälften verteilen, diese in eine mit Wasser gefüllte Form (so, daß gerade der Boden bedeckt ist) stellen und im vorgeheizten Rohr bei 220 °C ca. 25 Minuten backen.

Dazu passen: **Tomatensauce (siehe Rezept, Seite 180) sowie Petersilienkartoffeln und alle Salate.**

Beilagen

gewinnen in der modernen Diabetesdiät wieder an Bedeutung, da bei einer Hauptmahlzeit die Beilagengröße zwischen drei und sechs Broteinheiten variieren sollte!

Kartoffelklöße/-knödel

Foto auf Seite 116

Zutaten für 2 Portionen:
300 g mehlige gekochte Kartoffeln, geschält
1 kleines Ei
70 g Grieß
1 Msp. Salz
Muskat

Wasser
1/4 TL Salz

Nährwert pro Portion:
Eiweiß: 10 g
Fett: 4 g
KH: 37 g
kcal/kJ: 225/954
Cholesterin: 132 mg
Kochsalz: 0,6 g
anrechenbare BE: 4,3

Kartoffeln noch heiß durch die Kartoffelpresse drücken.
Ei aufschlagen und unter die Kartoffeln mischen.

Grieß, **Salz** und **Muskat** beigeben, die Masse rasch zu einem Teig verarbeiten und Knödel daraus formen. Diese in leicht gesalzenem Wasser ca. 20 Minuten auf kleiner Flamme kochen lassen.

Paßt zu: **Schweinshaxe (siehe Rezept, Seite 131), Schweinsbraten (siehe Rezept, Seite 132) und Rinderbraten (siehe Rezept, Seite 124) sowie zu gedünstetem Kraut und Krautsalat.**

Majorankartoffeln

Zutaten für 2 Portionen:
300 g gekochte Kartoffeln, geschält
1 TL Margarine
1 EL Mehl (15 g)
1/4 l klare Brühe, salzarm (siehe Rezept, Seite 94)
etwas Essig
Majoran
1 Msp. Salz
1 TL saure Sahne/ Sauerrahm

Nährwert pro Portion:
Eiweiß: 4 g
Fett: 3 g
KH: 29 g
kcal/kJ: 159/666
Cholesterin: 2 mg
Kochsalz: 0,2 g
anrechenbare BE: 2,5

Kartoffeln blättrig schneiden.
Margarine in einer Pfanne zerlaufen lassen, **Mehl** dazugeben und hellgelb rösten. Diese Mehlschwitze/Einbrenn mit **klarer Brühe** aufgießen, gut verrühren und 1–2 Minuten kochen lassen, auch zwischendurch öfters umrühren.
Essig, Majoran und **Salz** beigeben und die Sauce gut abschmecken.

Zum Schluß die vorbereiteten Kartoffeln beigeben und nochmals erwärmen. Die Majorankartoffeln vor dem Servieren mit **saurer Sahne/Sauerrahm** verfeinern.

Paßt zu: **gekochtem Rindfleisch sowie zu mageren Puten- und Rinderwürsten.**

Überbackene Kartoffeln

Zutaten für 2 Portionen:
300 g mehlige Kartoffeln, geschält
Muskat
weißer Pfeffer, frisch gemahlen
2 Msp. Salz

für die Form:
1 TL Margarine

für den Überguß:
1/8 l Milch, fettarm
50 g Edamer (35 % F. i. T.)

Nährwert pro Portion:
Eiweiß: 12 g
Fett: 7 g
KH: 27 g
kcal/kJ: 220/925
Cholesterin: 18 mg
Kochsalz: 0,9 g
anrechenbare BE: 2,25

Kartoffeln feinblättrig hobeln, die Scheiben mit
Muskat, **Pfeffer** und **Salz** würzen.

Eine passende Auflaufform mit
Margarine ausfetten, darin die Kartoffelscheiben dachziegelartig aufschichten.

Milch in eine Schüssel geben,
Edamer fein reiben, mit der Milch vermischen und über die geschichteten Kartoffelscheiben gießen.
Anschließend im vorgeheizten Backrohr bei 200 °C ca. 45 Minuten backen.

Paßt zu: **Braten ohne Sauce und gegrillten Fleisch-, Fisch- und Geflügelgerichten sowie zu allen Salatarten.**

Gefüllte Kartoffeln

Zutaten für 2 Portionen:
2 gleich große Kartoffeln à 100 g

für die Fülle:
100 g Kartoffel (1 Stück)
20 g Edelpilzkäse (z. B. Roquefort)
1/4 Zwiebel
1 TL Margarine
1 Eiklar
Muskat
weißer Pfeffer, frisch gemahlen

1 TL Margarine

Nährwert pro Portion:
Eiweiß: 7 g
Fett: 7 g
KH: 26 g
kcal/kJ: 199/833
Cholesterin: 11 mg
Kochsalz: 0,3 g
anrechenbare BE: 2,0

Kartoffeln (inklusive der Kartoffel für die Fülle) mit der Schale weichkochen.
Die beiden gleich großen Kartoffeln mit der Schale halbieren, aushöhlen, das Innere in eine Schüssel geben, Kartoffel für die Fülle schälen und gemeinsam mit dem Inneren der zu füllenden Kartoffeln passieren.
Edelpilzkäse ebenfalls passieren und zu der Kartoffelmasse geben.
Zwiebel fein hacken.

Margarine in einer Pfanne zerlaufen lassen, darin die Zwiebel goldgelb rösten und unter die Kartoffel-Käse-Masse mischen.
Eiklar, Muskat und **Pfeffer** unterrühren, alles gut durchmischen. Die Masse in einen Dressiersack füllen und in die ausgehöhlten Kartoffelhälften spritzen.

Margarine in Flocken auf die gefüllten Kartoffeln setzen und im vorgeheizten Rohr bei 200 °C goldbraun backen.

Paßt zu: **gegrillten Fleisch-, Fisch- und Geflügelgerichten sowie zu allen Salaten.**

Tomatenreis

Zutaten für 2 Portionen:
1 TL Margarine
1/2 kleine Zwiebel
100 g Tomaten (Dosenware)
Pfeffer, frisch gemahlen
1 kleines Lorbeerblatt
2 Msp. Salz
90 g runder Naturreis
200 ml klare Brühe, salzarm (siehe Rezept, Seite 94)

Nährwert pro Portion:
Eiweiß: 4 g
Fett: 3 g
KH: 37 g
kcal/kJ: 202/846
Cholesterin: 0 mg
Kochsalz: 0,3 g
anrechenbare BE: 3,0

Margarine zum Schmelzen bringen.
Zwiebel fein hacken und in der Margarine goldbraun rösten.
Tomaten ebenfalls fein schneiden und zur gerösteten Zwiebel geben.
Pfeffer, Lorbeerblatt, Salz und **Naturreis** dazugeben, alles gut durchmischen.

Das Risotto mit **klarer Brühe** aufgießen, nochmals gut durchmischen und unter mehrmaligem Umrühren ca. 45 Minuten lang weichdünsten.

Paßt zu: **sämtlichen Braten mit Natursaft, allen gegrillten Fleisch-, Fisch- und Geflügelgerichten und zu allen Salaten.**

Risotto milanese

Zutaten für 2 Portionen:
1/2 kleine Zwiebel
1 TL Margarine
90 g runder Naturreis
200 ml klare Brühe, salzarm
(siehe Rezept, Seite 94)
50 ml Weißwein
1/2 Msp. Safran,
gemahlen
2 Msp. Salz
Pfeffer, frisch gemahlen
1 EL Parmesan

Nährwert pro Portion:
Eiweiß: 6 g
Fett: 5 g
KH: 36 g
kcal/kJ: 240/1008
Cholesterin: 0 mg
Kochsalz: 0,5 g
anrechenbare BE: 3,0

Zwiebel fein hacken.
Margarine zum Schmelzen bringen und darin die Zwiebel goldgelb rösten. Nun den **Naturreis** dazugeben und kurz mitrösten. Mit **Weißwein** und **klarer Brühe** aufgießen und mit **Safran, Salz** und **Pfeffer** abschmecken, gut durchmischen.

Das Risotto jetzt unter mehrmaligem Umrühren ca. 45 Minuten lang weichdünsten, vor dem Servieren
Parmesan unterrühren, das Risotto darf nicht zu trocken sein.

Paßt zu: **gegrillten Fleisch-, Fisch- und Geflügelgerichten sowie zu allen Salaten.**

Pilzreis

Foto auf Seite 115

Zutaten für 2 Portionen:

für den Reis:
1/2 kleine Zwiebel
1 Knoblauchzehe
1 Msp. Margarine
90 g Naturreis
200 ml klare Brühe, salzarm
(siehe Rezept, Seite 94)

für die Pilze:
100 g Pfifferlinge oder
Pilze der Saison
1/2 kleine Zwiebel
1 Msp. Margarine
1 Msp. Salz
Pfeffer, frisch gemahlen
1/4 Bund Petersilie

Nährwert pro Portion:
Eiweiß: 5 g
Fett: 4 g
KH: 38 g
kcal/kJ: 215/994
Cholesterin: 0 mg
Kochsalz: 0,3 g
anrechenbare BE: 3,0

Reis:
Zwiebel und **Knoblauchzehe** fein hacken.
Margarine zum Schmelzen bringen, darin Zwiebel und Knoblauch goldgelb anrösten.
Naturreis beigeben, mit
klarer Brühe aufgießen und gut durchmischen, ca. 45 Minuten ausdünsten lassen.

Pilze:
Pilze waschen, putzen und kleinschneiden,
Zwiebel fein hacken.
Margarine zum Schmelzen bringen, darin die Zwiebel goldgelb anrösten, Pilze beigeben und mitrösten. Jetzt mit
Salz und **Pfeffer** würzen, gut durchmischen und im eigenen Saft weichdünsten lassen.
Petersilie fein hacken und mit den gedünsteten Pilzen unter den Naturreis mischen.

Paßt zu: **allen Braten mit Natursaft und zu allen Salaten.**

Grießknödel

(österreichische Spezialität)

Zutaten für 2 Portionen:
50 g Vollkorngrieß
1/8 l Milch, fettarm
1 TL Margarine
1 altes Weizenschrotbrötchen/Grahamweckerl
1 kleines Ei
Muskat
1 Msp. Salz

Wasser
1 Msp. Salz

Nährwert pro Portion:
Eiweiß: 10 g
Fett: 7 g
KH: 30 g
kcal/kJ: 225/954
Cholesterin: 136 mg
Kochsalz: 0,7 g
anrechenbare BE: 2,5

Vollkorngrieß, Milch und **Margarine** zum Kochen bringen und so lange kochen, bis sich die Masse vom Topf löst. Anschließend auskühlen lassen.
Weizenschrotbrötchen/Grahamweckerl kleinwürfelig schneiden.
Ei gut versprudeln und mit dem Brötchen unter die Grießmasse rühren.

Die Masse noch weitere 10 Minuten ziehen lassen. Anschließend Knödel formen und in reichlich Wasser, leicht gesalzen, ca. 15–20 Minuten garziehen lassen.

Paßt zu: **allen Braten mit Sauce, zu Selchfleisch sowie zu jeder Art gebundenen Gemüses.**

Polentaschnitten

Zutaten für 2 Portionen:
90 g Maisgrieß, grob
1/4 l Wasser
1 Msp. Salz
Muskat

Öl für die Form

Nährwert pro Portion:
Eiweiß: 4 g
Fett: 2 g
KH: 36 g
kcal/kJ: 174/732
Cholesterin: 0 mg
Kochsalz: 0,2 g
anrechenbare BE: 3,0

Wasser mit **Salz** und **Muskat** zum Kochen bringen.
Maisgrieß beigeben und unter ständigem Rühren so lange kochen, bis sich der Teig vom Topfrand löst.

Eine passende Form mit wenig
Öl auspinseln, die Polentamasse einfüllen, andrücken und sofort stürzen. Zum Schluß in Scheiben schneiden und servieren.

Paßt zu: **allen Fleischgerichten mit Sauce sowie zu gebundenem Gemüse und allen Arten von Salaten.**

Semmelkren

(österreichische Spezialität)

Zutaten für 2 Portionen:
3 Brötchen/Semmeln
1/4 l klare Brühe, salzarm
(siehe Rezept, Seite 94)
1 EL Meerrettich/Kren
2 Msp. Salz
Pfeffer, frisch gemahlen
1 EL Essig

Nährwert pro Portion:
Eiweiß: 5 g
Fett: 0 g
KH: 37 g
kcal/kJ: 178/754
Cholesterin: 0 mg
Kochsalz: 1,1 g
anrechenbare BE: 3,0

Brötchen/Semmeln würfelig schneiden, die **klare Brühe** darübergießen und kurz quellen lassen.
Meerrettich/Kren reißen und zur Semmelmasse geben.
Salz, Pfeffer und **Essig** ebenfalls beigeben und alle Zutaten gut versprudeln.

Paßt zu: **gekochtem Rindfleisch.**

Salat und Gemüse

Diese Nahrungsmittelgruppe
sollte zweimal pro Tag
in Ihrem Speisezettel vorkommen!

Verschiedene Salatdressings

Joghurtdressing

Zutaten für 2 Portionen:
1/8 l Magerjoghurt
1 EL Magerquark/-topfen
1 Knoblauchzehe
2 Msp. Salz
weißer Pfeffer,
frisch gemahlen
1 EL feingehackte Kräuter
1 TL Olivenöl
evtl. etwas Zitronensaft

Nährwert pro Portion:
Eiweiß: 4 g
Fett: 3 g
KH: 4 g
kcal/kJ: 58/246
Cholesterin: 0 mg
Kochsalz: 0,4 g
anrechenbare BE: 0,25

Magerjoghurt mit dem **Magerquark/-topfen** in eine Schüssel geben und schaumig rühren. **Knoblauchzehe** fein hacken.

Salz, Pfeffer, Kräuter, Olivenöl und **Zitronensaft** mit dem feingehackten Knoblauch der Masse beigeben und gut durchmischen.

Paßt zu: **allen Blattsalaten, Tomatensalat, Gurkensalat, Maiskörnern usw.**

Senfdressing

Zutaten für 2 Portionen:
1/8 l Magerjoghurt
1 TL scharfer Senf
1 TL körniger Senf (süß)
1 TL Olivenöl
weißer Pfeffer,
frisch gemahlen
1 Msp. Salz
etwas Süßstoff

Nährwert pro Portion:
Eiweiß: 3 g
Fett: 3 g
KH: 3 g
kcal/kJ: 46/194
Cholesterin: 0 mg
Kochsalz: 0,4 g
anrechenbare BE: 0,25

Magerjoghurt in einer Schüssel mit dem **scharfen** und **körnigen Senf** gut vermischen.

Olivenöl in die Sauce einschlagen, mit **Pfeffer, Salz** und **Süßstoff** abschmecken und gut durchmischen.

Paßt zu: **allen Blattsalaten, Tomatensalat, Gurkensalat, Maiskörnern usw.**

Italienisches Dressing

Zutaten für 2 Portionen:
1 TL Frühlingszwiebeln, feingehackt
1 TL Kräuter, feingehackt
1 EL Weißweinessig
1 EL Zitronensaft
1/16 l Wasser
1 TL Olivenöl
2 Msp. Salz
weißer Pfeffer, frisch gemahlen
evtl. etwas Süßstoff

Nährwert pro Portion:
Eiweiß: 0 g
Fett: 2 g
KH: 1 g
kcal/kJ: 26/115
Cholesterin: 0 mg
Kochsalz: 0,3 g
anrechenbare BE: 0,0

Frühlingszwiebeln mit den **Kräutern** in eine Schüssel geben. **Weißweinessig, Zitronensaft** und **Wasser** vermischen und zur Kräutermischung geben.

Olivenöl einschlagen, die Sauce mit **Salz, Pfeffer** und **Süßstoff** abschmecken.

Paßt zu: **allen Blattsalaten, Tomatensalat, Gurkensalat, Maiskörnern usw.**

Eisbergsalat mit Gemüse

Zutaten für 2 Portionen:
1/2 Häuptel Eisbergsalat
1 gelbe Paprikaschote
1/2 Salatgurke
1 große Fleischtomate
4 EL Maiskörner (Dosenware)

für die Marinade:
1 EL Rotweinessig
1 TL Olivenöl
1/2 TL Herbes de Provence, getrocknet
1/2 TL Salz
weißer Pfeffer, frisch gemahlen

Nährwert pro Portion:
Eiweiß: 5 g
Fett: 4 g
KH: 15 g
kcal/kJ: 112/469
Cholesterin: 0 mg
Kochsalz: 0,6 g
anrechenbare BE: 0,5

Eisbergsalat putzen, waschen und in Streifen schneiden,
Paprikaschote nudelig schneiden.
Salatgurke nach Möglichkeit nicht schälen, längs halbieren und in Scheiben schneiden.
Fleischtomate achteln,
Maiskörner gemeinsam mit dem vorbereiteten Gemüse in eine Schüssel geben.

Marinade:
Rotweinessig, Olivenöl, Herbes de Provence, Salz und **Pfeffer** zu einer Salatsauce vermischen und über den Salat gießen, gut durchmischen und sofort servieren.

Paßt zu: **Fleisch-, Fisch-, Geflügel- und vegetarischen Gerichten.**

KARTOFFEL-SCHINKEN-PUFFER

Rezept auf Seite 136

Gedünsteter Chicorée

Rezept auf Seite 173

Fenchelsalat

Zutaten für 2 Portionen:
1 große Fenchelknolle
1 kleine Knoblauchzehe

für die Marinade:
1 EL Rotweinessig
2 EL Wasser
1 TL Olivenöl
Süßstoff
2 Msp. Salz
schwarzer Pfeffer, frisch gemahlen

Nährwert pro Portion:
Eiweiß: 2 g
Fett: 3 g
KH: 5 g
kcal/kJ: 58/204
Cholesterin: 0 mg
Kochsalz: 0,7 g
anrechenbare BE: 0,0

Fenchelknolle in feine Streifen schneiden, **Knoblauchzehe** halbieren und mit der Schnittfläche die Salatschüssel ausreiben. Die Fenchelstreifen in die Schüssel legen.

Marinade:
Rotweinessig, Wasser, Olivenöl, Süßstoff, Salz und **Pfeffer** zu einer Salatsauce vermischen und über die Fenchelstreifen gießen. Den Salat einige Minuten ziehen lassen.

Paßt zu: **Fleisch-, Fisch-, Geflügel- und vegetarischen Gerichten.**

Zucchinisalat

Zutaten für 2 Portionen:
3 kleine Zucchini (300 g)

für die Marinade:
1/2 TL getrocknetes Basilikum
2 TL Rotweinessig
1 TL Olivenöl
2 Msp. Salz
schwarzer Pfeffer, frisch gemahlen
evtl. etwas Süßstoff

Nährwert pro Portion:
Eiweiß: 1 g
Fett: 2 g
KH: 8 g
kcal/kJ: 63/163
Cholesterin: 0 mg
Kochsalz: 0,3 g
anrechenbare BE: 0,0

Zucchini in Streifen schneiden.

Marinade:
Basilikum, Rotweinessig, Olivenöl, Salz, Pfeffer und **Süßstoff** zu einer Salatsauce mischen und über die Zucchinistreifen gießen. Den Salat durchmischen und einige Minuten ziehen lassen.

Paßt zu: **Fleisch-, Fisch-, Geflügel- und vegetarischen Gerichten.**

Lauchsalat mit Paprikaschoten

Zutaten für 2 Portionen:
1/4 Lauch
1 rote Paprikaschote
1 EL Olivenöl
1/16 l Weißwein, trocken
1 kleines Lorbeerblatt
4 Korianderkörner

für die Marinade:
1 TL Zitronensaft
2 Msp. Salz
1 TL Petersilie, feingehackt

Nährwert pro Portion:
Eiweiß: 2 g
Fett: 8 g
KH: 7 g
kcal/kJ: 127/535
Cholesterin: 0 mg
Kochsalz: 0,3 g
anrechenbare BE: 0,0

Lauch waschen, putzen und nudelig schneiden.
Paprikaschote putzen, von den Kernen befreien und ebenfalls nudelig schneiden.
Olivenöl in einer Pfanne erwärmen und die Lauch- sowie Paprikastreifen darin anrösten.

Das Gemüse mit
Weißwein aufgießen,
Lorbeerblatt und **Korianderkörner** beigeben, das Ganze kernweich dünsten.

Marinade:
Zitronensaft, Salz und **Petersilie** zu einer Salatsauce vermischen, über das warme Gemüse gießen, gut durchmischen und auskühlen lassen.

Paßt zu: **Fleisch-, Fisch-, Geflügel- und vegetarischen Gerichten.**

Würziger Kartoffelsalat

Zutaten für 2 Portionen:
450 g speckige Kartoffeln, geschält
3 Frühlingszwiebeln
1 rote Paprikaschote
1 grüne Paprikaschote
1/8 l klare Brühe, salzarm (siehe Rezept, Seite 94)

für die Marinade:
Pfeffer, frisch gemahlen
1 1/2 EL Weißweinessig
1 Msp. Sardellenpaste
1 TL scharfer Senf
1 TL Olivenöl
1 EL Kräuter, feingehackt
1–2 Msp. Salz

Nährwert pro Portion:
Eiweiß: 7 g
Fett: 3 g
KH: 44 g
kcal/kJ: 228/953
Cholesterin: 0 mg
Kochsalz: 0,5 g
anrechenbare BE: 3,0

Kartoffeln blättrig schneiden, **Frühlingszwiebeln** fein hacken. **Paprikaschoten** nudelig schneiden und mit dem restlichen Gemüse in eine Schüssel geben. **Klare Brühe** erwärmen und über das Gemüse gießen, gut durchmischen.

Marinade:
Pfeffer, Weißweinessig, Sardellenpaste, Senf, Olivenöl, Kräuter und **Salz** zu einer Salatsauce vermischen und über den Salat gießen, gut durchrühren. Vor dem Servieren den Kartoffelsalat einige Minuten ziehen lassen.

Paßt zu: **Fleisch-, Fisch- und Geflügelgerichten.**

Paprika-Gemüse-Pfanne

Zutaten für 2 Portionen:
200 g Tomaten
350 g Paprikaschoten
1 große Zwiebel
30 g Schinkenspeck (ohne Fettrand)
1 TL Margarine
1/2 TL Paprika, edelsüß
1 EL Tomatenmark
1/16 l Weißwein
Pfeffer, frisch gemahlen
1 Msp. Salz
1 EL Petersilie, feingehackt

Nährwert pro Portion:
Eiweiß: 7 g
Fett: 8 g
KH: 19 g
kcal/kJ: 201/843
Cholesterin: 10 mg
Kochsalz: 1,1 g
anrechenbare BE: 0,0

Tomaten schälen, entkernen und in Streifen schneiden.
Paprikaschoten ebenfalls von den Kernen befreien und in Streifen schneiden.
Zwiebel fein hacken,
Schinkenspeck kleinwürfelig schneiden.

Margarine in einem passenden Topf zum Schmelzen bringen, Zwiebel und Schinkenspeck beigeben, goldbraun braten. Danach die Tomaten und Paprikaschoten zugeben und gut durchmischen.

Jetzt das
Paprikapulver und **Tomatenmark** zum Gemüse geben, mit
Weißwein aufgießen und mit
Pfeffer und **Salz** würzen. Das Gemüse weichdünsten lassen und vor dem Servieren die
Petersilie untermischen.

Paßt zu: **Fleisch-, Fisch- und Geflügelgerichten.**

Tomaten-Zucchini-Gemüse

Zutaten für 2 Portionen:
1 kleine Zwiebel
2 TL Olivenöl
200 g Zucchini
200 g Tomaten
2 Msp. Salz
schwarzer Pfeffer, frisch gemahlen
1 TL Zitronensaft
1/16 l Wasser
1 TL Petersilie, feingehackt

Nährwert pro Portion:
Eiweiß: 3 g
Fett: 5 g
KH: 13 g
kcal/kJ: 110/461
Cholesterin: 0 mg
Kochsalz: 0,3 g
anrechenbare BE: 0,0

Zwiebel fein hacken.
Olivenöl in einer Pfanne erhitzen und die Zwiebel darin goldbraun rösten.
Zucchini in Scheiben schneiden,
Tomaten schälen, entkernen, würfelig schneiden und mit den Zucchini zur Zwiebel geben.

Salz, Pfeffer, Zitronensaft und **Wasser** zum Gemüse geben, gut durchmischen und zugedeckt weichdünsten lassen. Vor dem Servieren die
Petersilie untermischen.

Paßt zu: **Fleisch-, Fisch- und Geflügelgerichten.**

Gedünsteter Chicorée

Foto auf Seite 166

Zutaten für 2 Portionen:
4 Stück Chicorée
1/2 Bund Suppengrün
2 kleine Karotten
1/2 Zwiebel
1 Knoblauchzehe
1 TL Öl
1 TL Margarine
1 Wacholderbeere
1 Gewürznelke
2 Msp. Salz
Pfeffer, frisch gemahlen
Rosmarin
1 EL Zitronensaft
1/8 l klare Brühe, salzarm
(siehe Rezept, Seite 94)

Nährwert pro Portion:
Eiweiß: 4 g
Fett: 5 g
KH: 18 g
kcal/kJ: 134/560
Cholesterin: 0 mg
Kochsalz: 0,5 g
anrechenbare BE: 0,0

Chicorée waschen, den Wurzelansatz putzen.
Suppengrün und **Karotten** waschen, putzen, würfelig schneiden.
Zwiebel und **Knoblauch** fein hacken.

Öl und **Margarine** in einer passenden ofenfesten Pfanne erwärmen, die feingehackte Zwiebel-Knoblauch-Mischung darin goldgelb rösten und das Suppengrün und die Karottenwürfel beigeben.
Wacholderbeere zerdrücken und zum Gemüse geben.
Gewürznelke, Salz, Pfeffer und **Rosmarin** ebenfalls dem Gemüse beigeben und kurz mitrösten.

Zitronensaft über den Chicorée träufeln und diesen auf das Gemüse legen. Danach die Gemüsepfanne mit der
klaren Brühe aufgießen, die Pfanne zudecken und das Gericht im Rohr bei 190 °C 45–50 Minuten dünsten lassen.

Paßt zu: **Fleisch-, Fisch- und Geflügelgerichten.**

Pilzsauce

Zutaten für 2 Portionen:
400 g Pilze
(Champignons, Steinpilze, Pfifferlinge usw.)
1 kleine Zwiebel
1 TL Margarine
weißer Pfeffer, frisch gemahlen
1/2 TL Salz
1 TL Mehl
1/16 l Milch, fettarm
1 TL Zitronensaft
1 EL Petersilie, feingehackt

Nährwert pro Portion:
Eiweiß: 8 g
Fett: 3 g
KH: 13 g
kcal/kJ: 115/483
Cholesterin: 2 mg
Kochsalz: 0,6 g
anrechenbare BE: 0,25

Pilze putzen, waschen und blättrig schneiden, **Zwiebel** fein hacken.
Margarine zum Schmelzen bringen und darin die Zwiebel goldbraun rösten, Pilze dazugeben und mitrösten. Nun mit
Pfeffer und **Salz** abschmecken, anschließend weichdünsten.

Mehl, Milch und **Zitronensaft** gut vermischen und damit die Pilzsauce binden, nochmals aufkochen.
Petersilie vor dem Servieren unter die Sauce mischen.

Paßt zu: **Semmelknödeln (österreichische Spezialität), Kartoffeln sowie zu allen gegrillten Fleisch-, Fisch- und Geflügelgerichten.**

Würziges Champignongemüse

Zutaten für 2 Portionen:
1/8 l Weißwein, trocken
1 TL Zitronensaft
1 Msp. Rosmarin
1 Msp. Thymian
Pfeffer, frisch gemahlen
2 Msp. Salz
400 g Champignons
1 große Fleischtomate
1 Zwiebel
1 TL Olivenöl
1 EL Kräuter, feingehackt

Nährwert pro Portion:
Eiweiß: 7 g
Fett: 3 g
KH: 16 g
kcal/kJ: 167/670
Cholesterin: 0 mg
Kochsalz: 0,4 g
anrechenbare BE: 0,0

Weißwein, Zitronensaft, Rosmarin, Thymian, Pfeffer und **Salz** in einer Schüssel vermischen. **Champignons** putzen, waschen, gut abtropfen lassen und zur Wein-Gewürz-Mischung geben. **Fleischtomate** schälen, entkernen und würfelig schneiden,
Zwiebel fein hacken.

Olivenöl in einer Pfanne erhitzen, die Zwiebel darin goldbraun rösten, Champignons und Wein beigeben, 5 Minuten dünsten.
Danach die Champignons herausnehmen und die Sauce einkochen. Tomatenwürfel beigeben, kurz mitdünsten und die Champignons wieder dazugeben. Kurz vor dem Servieren **Kräuter** beigeben.

Paßt zu: **gegrillten Fleisch-, Fisch- und Geflügelgerichten.**

Kohlrabigemüse

Zutaten für 2 Portionen:
3 Kohlrabi
1/8 l Wasser
1 Msp. Salz
Pfeffer, frisch gemahlen
1 EL saure Sahne/ Sauerrahm
1 TL Mehl
1 EL Kräuter, feingehackt

Nährwert pro Portion:
Eiweiß: 7 g
Fett: 1 g
KH: 19 g
kcal/kJ: 114/478
Cholesterin: 2 mg
Kochsalz: 0,2 g
anrechenbare BE: 0,25

Kohlrabi putzen, waschen, schälen und in Stifte schneiden.
Wasser mit **Salz** zum Kochen bringen, Gemüse beigeben und ca. 15–20 Minuten garen.

Saure Sahne/Sauerrahm mit **Mehl** gut vermischen und damit das Kohlrabigemüse binden, mit **Pfeffer** abschmecken. Kurz vor dem Servieren **Kräuter** beigeben.

Paßt zu: **Kümmelkartoffeln, Grießknödeln (österreichische Spezialität; siehe Rezept, Seite 157) sowie zu gegrillten Fleisch-, Fisch- und Geflügelgerichten.**

Rotkraut

Zutaten für 2 Portionen:
1/2 kleiner Kopf Rotkohl/-kraut (300 g)
1 mittelgroße Zwiebel (100 g)
1 TL Margarine
100 g Apfel
1/16 l Rotwein
1/16 l Orangenjuice, frisch gepreßt
1 Gewürznelke
1 Wacholderbeere
1 Lorbeerblatt
Piment
1/2 TL Salz

Nährwert pro Portion:
Eiweiß: 8 g
Fett: 3 g
KH: 24 g
kcal/kJ: 185/777
Cholesterin: 0 mg
Kochsalz: 0,5 g
anrechenbare BE: 0,75

Rotkohl/-kraut putzen, waschen, vom Strunk befreien, vierteln und fein hobeln.
Zwiebel fein hacken.

Margarine in einem passenden Topf zum Schmelzen bringen, darin die Zwiebel anrösten, danach den Kohl/das Kraut beigeben.
Apfel feinblättrig schneiden und zum Rotkraut geben, mit
Rotwein und **Orangenjuice** aufgießen. Mit **Gewürznelke, Wacholderbeere, Lorbeerblatt, Piment** und **Salz** abschmecken, anschließend 45 Minuten lang weichdünsten, zwischendurch einige Male umrühren.

Vor dem Servieren die Nelke, die Wacholderbeere und das Lorbeerblatt entfernen.

Paßt zu: **Scheinshaxe (siehe Rezept, Seite 131), Schweinsbraten (siehe Rezept, Seite 132), gegrillten Fleisch- und Geflügelgerichten sowie zu Grießknödeln (österreichische Spezialität; siehe Rezept, Seite 157).**

Brokkoli-Blumenkohl-/-Karfiol-Gemüse

Zutaten für 2 Portionen:
150 g Brokkoliröschen
150 g Blumenkohl-/ Karfiolröschen
Wasser
Kümmel
1 Msp. Salz
1 TL Margarine

Nährwert pro Portion:
Eiweiß: 4 g
Fett: 2 g
KH: 6 g
kcal/kJ: 64/265
Cholesterin: 0 mg
Kochsalz: 0,2 g
anrechenbare BE: 0,0

Brokkoli- und **Blumenkohl-/Karfiolröschen** putzen und waschen.
Wasser mit **Kümmel** und **Salz** zum Kochen bringen, das Gemüse hineingeben und 10–15 Minuten lang weichkochen. Mit einem Schaumlöffel herausheben und warmstellen.

Margarine zum Schmelzen bringen und vor dem Servieren über das Gemüse gießen.

Paßt zu: **allen Fleisch-, Fisch- und Geflügelgerichten.**

Gedünstete Karotten

Zutaten für 2 Portionen:
400 g Karotten
1 TL Margarine
1/16 l Weißwein
1 Msp. Salz
weißer Pfeffer, frisch gemahlen
1 TL Dill, feingehackt

Nährwert pro Portion:
Eiweiß: 2 g
Fett: 2 g
KH: 19 g
kcal/kJ: 127/535
Cholesterin: 0 mg
Kochsalz: 0,4 g
anrechenbare BE: 0,0

Karotten putzen, waschen, schälen und in Stifte schneiden.
Margarine in einem passenden Gefäß zum Schmelzen bringen, die Karotten beigeben und kurz anschwitzen. Danach den
Weißwein beigeben, die Karotten noch ca. 15 Minuten lang dünsten. Jetzt mit
Salz und **Pfeffer** abschmecken und kurz vor dem Servieren den
Dill unter die Karotten mischen.

Paßt zu: **allen Fleisch-, Fisch- und Geflügelgerichten.**

Tomatensauce

Zutaten für 2 Portionen:
300 g Tomaten (Dosenware)
1 große Zwiebel
1/2 TL Öl
1 Knoblauchzehe
1 Lorbeerblatt
Basilikum
Origano
Pfeffer
Tabasco

Nährwert pro Portion:
Eiweiß: 3 g
Fett: 2 g
KH: 12 g
kcal/kJ: 75/314
Cholesterin: 0 mg
Kochsalz: 0,2 g
anrechenbare BE: 0,0

Tomaten abseihen (den Saft auffangen!) und kleinwürfelig schneiden.
Zwiebel fein hacken.
Öl in einer passenden Pfanne erwärmen und darin die Zwiebel anrösten.
Knoblauchzehe blättrig schneiden.
Tomatenwürfel mit dem Saft und dem Knoblauch zu der gerösteten Zwiebel geben.

Lorbeerblatt, Basilikum, Origano, Pfeffer und **Tabasco** ebenfalls dazugeben, gut durchmischen und bei kleiner Hitze ca. 20 Minuten dünsten.

Paßt zu: **gegrillten Fleisch-, Fisch-, Geflügel- und vegetarischen Gerichten.**

Süßes

auch für Diabetiker,
nur – gewußt wie!

Quark-/Topfenauflauf mit Erdbeeren

Foto auf Seite 183

Zutaten für 2 Portionen:

für den Auflauf:
150 g Quark/Topfen
1 Ei
1 Eiklar
2 gestr. EL Diabetiker-Backsüße (24 g)
1 TL Zitronensaft
Vanillearoma
1/16 l Magerjoghurt
1 TL Stärkemehl (7 g)

für die Erdbeersauce und Garnitur:
3/8 kg Erdbeeren
2 EL flüssiger Süßstoff

1 TL Margarine für die Form

Nährwert pro Portion:
Eiweiß: 18 g
Fett: 6 g
KH: 34 g
kcal/kJ: 268/1125
Cholesterin: 132 mg
Kochsalz: 0,3 g
anrechenbare BE: 2,5

Quark-/Topfenauflauf:
Quark/Topfen passieren und in eine Rührschüssel geben.
Ei trennen, den Eidotter in die Schüssel dazugeben, das Eiklar extra in einem Gefäß zur Seite stellen.
Diabetiker-Backsüße, Zitronensaft, Vanillearoma und **Magerjoghurt** zum Quark/Topfen geben und schaumig schlagen.

Eiklar mit dem Eiklar des vorher getrennten Eies zu einem festen Eischnee schlagen.
Stärkemehl abwechselnd mit dem festen Eischnee unter die Masse heben. Zwei kleine Auflaufformen mit
Margarine befetten, Quark-/Topfenmasse zu zwei Dritteln einfüllen und mit Alufolie zudecken.

In einer feuerfesten Form 1–2 Zentimeter hoch Wasser einfüllen, Wasser aufkochen, Förmchen hineinstellen und 20 Minuten bei 200 °C garziehen lassen.

Erdbeersauce:
Zwei Drittel der
Erdbeeren passieren, die übrigen Früchte für die Garnitur zur Seite stellen.
Süßstoff nach Geschmack zum Süßen der Erdbeersauce verwenden.

Den Auflauf auf 2 Teller stürzen und mit Erdbeersauce umgießen. Die restlichen Erdbeeren in Scheiben schneiden und damit den Auflauf garnieren.

QUARK-/TOPFENAUFLAUF MIT ERDBEEREN

Rezept auf Seite 182

ORANGENKONFITÜRE

Rezept auf Seite 196

Kokostörtchen

Zutaten für 12 Stück:
100 g Hafermark
80 g Weizenflocken
3 EL Diabetiker-Backsüße (36 g)
40 g Kokosette
1 EL Backpulver
3 EL Kakaopulver, entölt
40 g Dörrpflaumen
1/4 l Buttermilch
2 EL Öl
2 Eiklar

Nährwert pro Stück:
Eiweiß: 4 g
Fett: 6 g
KH: 16 g
kcal/kJ: 133/556
Cholesterin: 0 mg
Kochsalz: 0,3 g
anrechenbare BE: 1,25

Hafermark mit **Weizenflocken**, **Diabetiker-Backsüße** und **Kokosette** in einer Schüssel gut vermischen.
Backpulver mit **Kakaopulver** vermischen und zur Flockenmischung geben.

Dörrpflaumen fein hacken und ebenfalls zu den Flocken geben.
Buttermilch mit **Öl** und **Eiklar** gut versprudeln, unter die Mischung rühren und rasch zu einem Teig verarbeiten.

Muffin-Blech (Backblech mit 12 Vertiefungen) mit Papierformen auslegen und in jede Papierform zu zwei Dritteln Teigmasse einfüllen. Nun die Törtchen bei 190 °C ca 17 Minuten backen.

Mohnbuchteln

(österreichische Spezialität)

Zutaten für 10 Stück:

für den Hefeteig:

300 g Vollkornmehl
1 Msp. Zitronenschale
1 Pkg. Trockenhefe
200 ml Milch, fettarm
3/4 EL Süßstoff
1 Ei
30 g Margarine

für die Mohnfülle:

80 g Mohn
100 ml Milch, fettarm
1 EL Vollkornpaniermehl/-brösel (15 g)
1 EL Rum
1 Msp. Zimt
1 EL Süßstoff
1 Msp. Zitronenschale

50 g Margarine für die Form

Nährwert pro Stück:

Eiweiß: 7 g
Fett: 11 g
KH: 21 g
kcal/kJ: 225/950
Cholesterin: 28 mg
Kochsalz: 0,0 g
anrechenbare BE: 2,2

Teig:

Vollkornmehl, Zitronenschale und **Trockenhefe** in eine Schüssel geben.
Ei auf Zimmertemperatur erwärmen, gut versprudeln.
Milch und **Süßstoff** vermischen, ebenfalls auf Zimmertemperatur erwärmen.

Margarine zum Schmelzen bringen, mit der gesüßten Milch und dem Ei zum Mehl geben, alle Zutaten zu einem geschmeidigen Teig kneten. Anschließend an einem warmen Ort ca. 20 Minuten „gehen lassen" (der Teig muß zur doppelten Menge aufgehen), nochmals kurz durchkneten und weiterverarbeiten.

Fülle:

Mohn mahlen.
Milch zum Kochen bringen, **Vollkornpaniermehl/Brösel** und Mohn dazugeben und aufkochen lassen.
Rum, Zimt, Süßstoff und **Zitronenschale** unter den Mohn rühren und die Masse auskühlen lassen.
Jetzt den Germteig in 6 gleich große Stücke teilen und ausrollen. In die Mitte jedes Teigfleckes etwas Mohnfülle setzen und den Teig zu Buchteln zusammenschlagen.

Margarine zum Schmelzen bringen und darin die Buchteln schwenken. Diese in eine befettete Form, mit der Nahtstelle zum Boden, legen und im vorgeheizten Rohr bei 200 °C goldbraun backen.

Pflaumenkuchen

Zutaten für 20 Stück:

für den Teig:
300 g Vollkornmehl
1 Pkg. Trockenhefe
1 Ei
200 ml Milch, fettarm
2 1/2 TL Süßstoff
50 g Margarine

für den Belag:
1 kg Pflaumen mit Stein
50 g Mandelblättchen

2 EL Diabetikerzucker
1/2 TL Zimt

Nährwert pro Stück:
Eiweiß: 3 g
Fett: 4 g
KH: 17 g
kcal/kJ: 121/509
Cholesterin: 14 mg
Kochsalz: 0,0 g
anrechenbare BE: 1,5

Teig:
Vollkornmehl und **Trockenhefe** in eine Schüssel geben.
Ei auf Zimmertemperatur erwärmen, gut versprudeln.
Milch mit **Süßstoff** vermengen, ebenfalls auf Zimmertemperatur erwärmen.

Margarine zum Schmelzen bringen, mit der gesüßten Milch und dem Ei zum Mehl geben, alle Zutaten zu einem geschmeidigen Teig kneten. Anschließend an einem warmen Ort 20 Minuten „gehen lassen“ (der Teig muß zur doppelten Menge aufgehen), nochmals kurz durchkneten, auswalken und ein mit Backpapier belegtes Backblech mit dem Teig belegen.

Belag:
Pflaumen halbieren, entkernen und auf den vorbereiteten, ausgewalkten Hefeteig dachziegelartig auflegen.
Mandelblättchen vor dem Backen über den Pflaumenkuchen streuen, anschließend im vorgeheizten Rohr bei 190 °C ca. 30 Minuten backen.

Diabetikerzucker mit **Zimt** vermischen und den warmen Pflaumenkuchen damit bestreuen, vor dem Servieren portionieren.

Bananenkuchen

Zutaten für 10 Stück:
200 g Weizenvollkornmehl
1 TL Backpulver
40 g Diabetiker-Backsüße
50 g Margarine
1 Ei
5 EL Milch, fettarm
240 g Bananen mit Schale
25 g Haselnüsse

Kastenform mit 1/2 Liter Inhalt

Nährwert pro Stück:
Eiweiß: 4 g
Fett: 7 g
KH: 21 g
kcal/kJ: 163/685
Cholesterin: 27 mg
Kochsalz: 0,0 g
anrechenbare BE: 2,0

Weizenvollkornmehl und **Backpulver** in eine Schüssel geben,
Diabetiker-Backsüße untermischen und die **Margarine** einkneten.
Ei mit **Milch** verquirlen.

Bananen schälen, mixen und mit der Eimilch unter die trockenen Zutaten mischen.
Haselnüsse reiben und unter den Teig mischen. Kastenform mit Backpapier auslegen, den Kuchenteig einfüllen und im vorgeheizten Rohr bei 180 °C eine gute Stunde backen.

Gestürzter Apfelkuchen

Zutaten für 12 Stück:
100 g Haselnüsse
3 gestr. EL Diabetiker-zucker
1 TL Margarine
50 g Rosinen
1 EL Rum
750 g Äpfel, pikant
50 g Vollkornpaniermehl/-brösel
1/2 TL Zitronenschale
1 TL Zimt
Süßstoff
Nelkenpulver
Ingwerpulver
100 g Margarine
60 g Diabetiker-Backsüße
Vanillearoma
2 Eier
100 g Vollkornmehl
50 g Speisestärke
1 TL Backpulver

Alufolie

Nährwert pro Stück:
Eiweiß: 3 g
Fett: 10 g
KH: 24 g
kcal/kJ: 202/851
Cholesterin: 33 mg
Kochsalz: 0,0 g
anrechenbare BE: 2,0

Haselnüsse hacken, mit **Diabetikerzucker** vermischen.
Eine Tortenform mit Alufolie auslegen, mit **Margarine** bestreichen und die Haselnuß-Diabetikerzucker-Mischung daraufstreuen.
Rosinen waschen.
Rum in eine kleine Schüssel geben und darin die Rosinen einweichen.
Äpfel schälen und grob reiben.
Vollkornpaniermehl/-brösel, Zitronenschale, Süßstoff, Zimt, Nelkenpulver und **Ingwerpulver** gut verrühren und mit den rumgetränkten Rosinen unter die Äpfel mischen. Nun die Masse über die Nüsse verteilen.

Margarine, Diabetiker-Backsüße, Vanillearoma und **Eier** schaumig rühren.
Vollkornmehl, Speisestärke und **Backpulver** vermischen und unter die Eimasse rühren.

Nun den Teig über das Apfelpüree verteilen, anschließend den Kuchen bei 180 °C ca. 1 Stunde backen. Den Kuchen überkühlen lassen, aus der Form stürzen und die Alufolie abziehen. Den Apfelkuchen noch heiß servieren.

Marmorkuchen mit Nüssen

Zutaten für 16 Stück:
300 g Weizenvollkornmehl
2 TL Backpulver
200 g Margarine
Vanillearoma
1 TL Zitronensaft
150 g Diabetiker-Backsüße
4 Eier
50 g Aranzini
150 g Haselnüsse
1/2 TL Zimt
2 EL Kakaopulver

1 EL Margarine für die Form

Nährwert pro Stück:
Eiweiß: 6 g
Fett: 19 g
KH: 24 g
kcal/kJ: 291/1226
Cholesterin: 66 mg
Kochsalz: 0,0 g
anrechenbare BE: 2,0

Weizenvollkornmehl mit **Backpulver** gut vermischen.
Margarine schaumig rühren.
Vanillearoma, Zitronensaft und **Diabetiker-Backsüße** beigeben und gut unterrühren.
Eier versprudeln und langsam unter den Margarine-Zucker-Abtrieb mischen, anschließend die Masse schaumig rühren.

Aranzini grob hacken,
Haselnüsse reiben, beides mit der Mehl-Backpulver-Mischung unter die Dotter-Margarine-Masse rühren. Eine Kuchenform mit **Margarine** ausstreichen und die Hälfte des Kuchenteiges einfüllen.

Zimt und **Kakaopulver** vermischen und unter die übrige Kuchenmasse rühren. Nun den restlichen Teig in die Kuchenform füllen, mit einem Stäbchen leicht vermischen, so daß ein Marmormuster entsteht.
Den Kuchen im vorgeheizten Rohr bei 180 °C ca. 1 Stunde backen, zum Schluß überkühlt aus der Form stürzen.

Apfeltaschen

Zutaten für 10 Stück:

für die Fülle:

500 g Äpfel, pikant
2 EL Zitronensaft
1 EL flüssiger Süßstoff
Zimt

für den Teig:

150 g Magerquark/-topfen (20 % F. i. T.)
6 EL Öl
5 EL Milch
1 TL flüssiger Süßstoff
1 EL Diabetiker-Backsüße (15 g)
Vanillearoma
250 g Vollkornmehl
2 TL Backpulver

Nährwert pro Stück:

Eiweiß: 5 g
Fett: 10 g
KH: 25 g
kcal/kJ: 213/898
Cholesterin: 0 mg
Kochsalz: 0,0 g
anrechenbare BE: 2,0

Apfelfülle:

Äpfel grob reißen.
Zitronensaft, flüssigen Süßstoff und **Zimt** unter die Äpfel rühren, in einen Topf geben und ca. 10 Minuten weichdünsten, anschließend auskühlen lassen.

Teig:

Magerquark/-topfen, Öl, Milch, Süßstoff, Vanillearoma und **Diabetiker-Backsüße** gut vermischen.
Vollkornmehl mit **Backpulver** vermischen und in die Quark-/Topfenmasse einkneten, anschließend im Kühlschrank rasten lassen.

Den Teig nicht zu dünn ausrollen, in gleich große Quadrate schneiden, in die Mitte jedes Quadrates Apfelfülle geben und die Teigränder mit Eiklar bestreichen. Nun den Teig zu Quadern oder Dreiecken zusammenschlagen (die Ränder fest andrücken) und auf ein mit Backpapier belegtes Backblech legen. Die Apfeltaschen im vorgeheizten Rohr bei 200 °C 20 Minuten goldgelb backen.

Beerencreme mit Frischkäse

Zutaten für 2 Portionen:
50 g Mascarpone
50 g Magerquark/-topfen
1 Blatt Gelatine
2 EL Orangenjuice, frisch gepreßt
1 TL Orangenlikör
1 EL Fruchtzucker
1 Eiklar
100 g frische Beeren der Saison (z. B. Brombeeren)

Nährwert pro Portion:
Eiweiß: 8 g
Fett: 9 g
KH: 15 g
kcal/kJ: 175/717
Cholesterin: 26 mg
Kochsalz: 0,4 g
anrechenbare BE: 1,0

Mascarpone und **Magerquark/-topfen** schaumig rühren.
Gelatine in kaltem Wasser ca. 4 Minuten quellen lassen.
Orangenlikör unter die Mascarpone-Quark-/-Topfen-Masse rühren.
Orangensaft erwärmen und die Gelatine darin auflösen, anschließend sofort in die Creme einrühren.

Eiklar zu einem festen Eischnee schlagen, den **Fruchtzucker** einschlagen, anschließend sofort unter die Creme heben, diese in Portionsschälchen füllen.

Beeren der Saison zum Garnieren verwenden, vor dem Servieren die Creme ca. 30 Minuten kaltstellen.

Camparigelee

Zutaten für 2 Portionen:
100 g Grapefruitfilets
3 Blatt Gelatine, weiß
200 ml Orangensaft, frisch gepreßt
3 TL Campari
5–6 Zitronenmelissenblättchen

Nährwert pro Portion:
Eiweiß: 1 g
Fett: 0 g
KH: 19 g
kcal/kJ: 105/438
Cholesterin: 0 mg
Kochsalz: 0,0 g
anrechenbare BE: 1,25

Für die **Grapefruitfilets** eine Grapefruit waschen, schälen und in Spalten teilen. Nun die Spalten von den dünnen Häutchen befreien und in mundgerechte Stücke teilen.

Gelatine in kaltem Wasser ca. 4 Minuten lang einweichen, ausdrücken und bei kleiner Flamme in 1 EL Wasser auflösen.

Orangensaft und **Campari** vermischen, Gelatine einrühren, Grapefruitfilets dazugeben, in Portionsschälchen füllen und im Kühlschrank festwerden lassen. Vor dem Servieren das Gelee mit **Zitronenmelissenblättchen** verzieren.

Konfitüren

**sind eine Delikatesse,
auf die auch Diabetiker nicht mehr
verzichten müssen!**

Orangenkonfitüre

Foto auf Seite 184

250 g Orangenschalen
1 Msp. Salz
Wasser
1/2 l frisch gepreßter Orangensaft
1/2 kg Orangenfilets
1/2 kg Diabetiker-Gelierzucker

Nährwert pro Portion (20 g):
Eiweiß: 0 g
Fett: 0 g
KH: 6 g
kcal/kJ: 25/106
Cholesterin: 0 mg
Kochsalz: 0 g
anrechenbare BE: 0,5

Orangenschalen gut waschen.
Wasser mit **Salz** zum Kochen bringen, darin die Orangenschalen überkochen, danach abseihen und nudelig schneiden.
Orangensaft und **Orangenfilets** in einen Topf geben.
Diabetiker-Gelierzucker beigeben und ca. 3 Minuten kochen lassen.

Die fertige Konfitüre in gut vorbereitete Gläser füllen, gut verschließen, eventuell – um längere Haltbarkeit zu erzielen – die Konfitüre noch sterilisieren.

Birnen-Ingwer-Konfitüre

1 kg Birnen
2 TL Ingwer, gemahlen
Saft zweier Zitronen
350 g Diabetiker-Gelierzucker

Nährwert pro Portion (20 g):
Eiweiß: 0 g
Fett: 0 g
KH: 8 g
kcal/kJ: 33/138
Cholesterin: 0 mg
Kochsalz: 0 g
anrechenbare BE: 0,67

Birnen schälen, entkernen und in Würfel schneiden.
Ingwer, **Zitronensaft** und **Diabetiker-Gelierzucker** mit den Birnen in einen großen Topf geben, 5 Minuten kochen lassen.

Die fertige Konfitüre in gut vorbereitete Gläser füllen, gut verschließen, eventuell – um längere Haltbarkeit zu erzielen – die Konfitüre noch sterilisieren.

Erdbeer-Rhabarber-Konfitüre

1/2 kg Rhabarber
1/2 kg Erdbeeren
350 g Diabetiker-Gelierzucker
Saft einer Zitrone

Nährwert pro Portion (20 g):
Eiweiß: 0 g
Fett: 0 g
KH: 6 g
kcal/kJ: 25/106
Cholesterin: 0 mg
Kochsalz: 0 g
anrechenbare BE: 0,5

Rhabarber waschen, schälen und in mundgerechte Stücke schneiden.
Erdbeeren waschen, putzen und vierteln, **Diabetiker-Gelierzucker** mit dem Rhabarber und den Erdbeeren in einen passenden Topf geben.
Zitrone auspressen, den Saft zur Konfitüre geben und 5 Minuten kochen lassen.

Die fertige Konfitüre in gut vorbereitete Gläser füllen, gut verschließen, eventuell – um längere Haltbarkeit zu erzielen – die Konfitüre noch sterilisieren.

Holunder-Apfel-Konfitüre

1/2 kg Holunderbeeren
1/2 kg Äpfel, geschält
9 EL flüssiger Süßstoff
6–8 Blatt Gelatine

Nährwert pro Portion (20 g):
Eiweiß: 0 g
Fett: 0 g
KH: 2 g
kcal/kJ: 11/46
Cholesterin: 0 mg
Kochsalz: 0 g
anrechenbare BE: 0,2

Holunderbeeren waschen, in einen Topf geben.
Äpfel blättrig schneiden und zu den Beeren geben.
Gelatine in kaltem Wasser 4 Minuten lang zum Quellen bringen.
Süßstoff zur Konfitüre geben und 5 Minuten lang kochen lassen. Zum Schluß die Gelatine in der heißen Konfitüre auflösen, gut durchmischen.

Die fertige Konfitüre in gut vorbereitete Gläser füllen, gut verschließen, eventuell – um längere Haltbarkeit zu erzielen – die Konfitüre noch sterilisieren.

NÄHRWERTTABELLE

NÄHRWERTE PRO 100 GRAMM NAHRUNGSMITTEL

	kcal	kJ	Fett	Chol.	Na	1 BE	Ballaststoffe
GETREIDE UND GETREIDEPRODUKTE							
Cornflakes	348	1480	0,6 g	0 mg	910 mg	15 g	4,1 g
Gerste, ganzes Korn	340	1232	10,6 g	0 mg	18 mg	20 g	9,8 g
Grünkern, Dinkel, ganzes Korn	320	1361	2,7 g	0 mg	3 mg	20 g	8,8 g
Hafer, ganzes Korn	359	1524	7,1 g	0 mg	8 mg	20 g	5,6 g
Haferflocken	364	1544	7,0 g	0 mg	5 mg	20 g	6,7 g
Haferkleie	322	1346	8,3 g	0 mg	6 mg	25 g	20,1 g
Hirse, geschältes Korn	316	1340	3,9 g	0 mg	3 mg	20 g	4,0 g
Mais, ganzes Korn	333	1413	3,8 g	0 mg	6 mg	15 g	9,2 g
Reis, ungeschält	348	1478	2,2 g	0 mg	10 mg	15 g	4,0 g
Roggen, ganzes Korn	264	1104	1,7 g	0 mg	40 mg	20 g	13,7 g
Roggenmehl, Type 815	319	1354	1,0 g	0 mg	1 mg	15 g	11,3 g
Roggenvollkornmehl	300	1276	1,5 g	0 mg	2 mg	20 g	16,8 g
Stärkemehl	336	1405	0,1 g	0 mg	0 mg	15 g	0,0 g
Weizen, ganzes Korn	302	1285	2,0 g	0 mg	8 mg	20 g	10,4 g
Weizengrieß	312	1326	0,8 g	0 mg	1 mg	15 g	5,0 g
Weizenkeime	302	1281	9,2 g	0 mg	5 mg	25 g	15,0 g
Weizenkleie	195	827	4,7 g	0 mg	2 mg	50 g	53,0 g
Weizenmehl	331	1408	1,0 g	0 mg	2 mg	15 g	2,2 g
Weizenvollkornmehl	327	1389	2,1 g	0 mg	2 mg	20 g	6,3 g
BROT UND GEBÄCK							
Brötchen, 1 Stück	128	535	0,5 g	0 mg	264 mg	25 g	1,5 g
Leinsamenbrot, salzreduziert	243	1017	4,1 g	0 mg	154 mg	25 g	12,3 g
Roggenbrot	212	900	0,9 g	0 mg	550 mg	25 g	5,4 g
Roggenmischbrot	228	968	1,1 g	0 mg	550 mg	25 g	4,7 g
Roggenvollkornbrot	206	864	1,4 g	0 mg	527 mg	30 g	7,0 g
Vollkorntoast, salzreduziert	278	1164	3,6 g	0 mg	267 mg	25 g	5,0 g
Weizenbrot	238	995	1,8 g	0 mg	540 mg	25 g	3,0 g
Weizenmischbrot	232	968	1,5 g	0 mg	553 mg	25 g	4,0 g
Weizenvollkornbrot	208	870	1,5 g	0 mg	380 mg	30 g	5,0 g
KARTOFFEL UND KARTOFFELPRODUKTE							
Kartoffel, ungeschält, gekocht	70	291	0,1 g	0 mg	0 mg	75 g	2,5 g
Kartoffel, ungeschält, in Folie gebacken	87	368	0,1 g	0 mg	0 mg	75 g	2,5 g
Kartoffelflocken, Trockenprodukt	324	1376	0,6 g	0 mg	*	15 g	20,0 g
Kartoffelklöße, Trockenprodukt	336	1426	0,3 g	0 mg	*	15 g	*
Kartoffelknödel, Trockenprodukt	336	1426	0,3 g	0 mg	*	15 g	*
Kartoffelkroketten, Trockenprodukt	348	1479	1,6 g	0 mg	*	15 g	*
Kartoffelpuffer, Trockenprodukt	336	1426	0,3 g	0 mg	*	15 g	*
Kartoffelsuppe, Trockenprodukt	313	1327	3,7 g	0 mg	*	20 g	*
Pommes frites, ungesalzen, eßfertig	264	1119	14,5 g	0 mg	*	35 g	*
HÜLSENFRÜCHTE							
Bohnen, weiß, getrocknet	291	1236	1,6 g	0 mg	2 mg	20 g	19,2 g
Erbsen, grün, frisch	81	344	0,5 g	0 mg	2 mg	100 g	17,9 g
Kichererbsen, getrocknet	304	1292	3,4 g	0 mg	25 mg	20 g	9,5 g
Linsen, getrocknet	310	1316	1,4 g	4,2 mg	0 mg	20 g	10,6 g

* = keine Angaben vorhanden

NÄHRWERTE PRO 100 GRAMM NAHRUNGSMITTEL	kcal	kJ	Fett	Chol.	Na	1 BE	Ballaststoffe
Mungobohnen, getrocknet	292	1240	1,1 g	0 mg	6 mg	20 g	*
Sesam, getrocknet	562	2378	50,4 g	0 mg	45 mg	50 g	11,9 g
Sojabohnen, getrocknet	335	1419	18,1 g	0 mg	4 mg	45 g	11,9 g
Sonnenblumenkerne, getrocknet	580	2454	49,0 g	0 mg	2 mg	35 g	*
Spalterbsen, getrocknet	332	1412	1,4 g	0 mg	25 mg	20 g	12,0 g
PILZE							
Birkenpilze	20	85	0,6 g	0 mg	2 mg	frei	2,0 g
Butterpilze	25	105	0,4 g	0 mg	0 mg	frei	2,0 g
Champignons, frisch	14	59	0,2 g	0 mg	8 mg	frei	1,9 g
Eierschwammerl	23	96	0,5 g	0 mg	3 mg	frei	2,0 g
Hallimasch	37	154	0,7 g	0 mg	0 mg	frei	2,0 g
Herrenpilze	34	142	0,4 g	0 mg	6 mg	frei	2,0 g
Herrenpilze, getrocknet	282	1180	3,2 g	0 mg	14 mg	30 g	16,0 g
Morcheln	31	130	0,3 g	0 mg	2 mg	frei	2,0 g
Pfifferlinge	23	96	0,5 g	0 mg	3 mg	frei	2,0 g
Reizker	27	112	0,7 g	0 mg	6 mg	frei	3,0 g
Rotkappe	25	105	0,8 g	0 mg	0 mg	frei	2,0 g
Steinpilze	34	142	0,4 g	0 mg	6 mg	frei	2,0 g
Steinpilze, getrocknet	282	1180	3,2 g	0 mg	14 mg	30 g	16,0 g
Trüffeln	56	235	0,5 g	0 mg	77 mg	frei	16,0 g
GEMÜSE							
Artischocke	45	208	0,1 g	0 mg	0 mg	200 g	2,0 g
Aubergine	20	86	0,2 g	0 mg	4 mg	frei	1,4 g
Batate	96	407	0,6 g	0 mg	0 mg	60 g	*
Blaukraut	21	88	0,2 g	0 mg	4 mg	frei	2,5 g
Bleichsellerie	11	47	0,2 g	0 mg	0 mg	frei	3,6 g
Blumenkohl	24	100	0,3 g	0 mg	16 mg	frei	4,9 g
Brokkoli	23	97	0,2 g	0 mg	13 mg	frei	3,0 g
Brunnenkresse	21	87	0,3 g	0 mg	0 mg	frei	1,0 g
Chicorée	11	49	0,2 g	0 mg	4 mg	frei	1,3 g
Chinakohl	10	44	0,3 g	0 mg	7 mg	frei	0,9 g
Endivie	13	54	0,2 g	0 mg	55 mg	frei	1,5 g
Fenchel	57	215	0,3 g	0 mg	0 mg	200 g	3,3 g
Fisolen	33	137	0,2 g	0 mg	2 mg	200 g	3,0 g
Gartenkresse	51	215	1,4 g	0 mg	0 mg	frei	1,7 g
Grüne Bohnen	33	137	0,2 g	0 mg	2 mg	200 g	3,0 g
Gurke	13	54	0,2 g	0 mg	9 mg	frei	0,9 g
Gurke, eingelegt	17	73	0,2 g	0 mg	960 mg	frei	0,4 g
Häuptelsalat	11	46	0,2 g	0 mg	10 mg	frei	1,5 g
Karfiol	24	100	0,3 g	0 mg	16 mg	frei	4,9 g
Karotten	26	112	0,2 g	0 mg	60 mg	200 g	3,4 g
Knollensellerie	16	68	0,3 g	0 mg	75 mg	200 g	4,2 g
Kohl	30	128	0,9 g	0 mg	40 mg	200 g	2,0 g
Kohlrabi	25	105	0,1 g	0 mg	30 mg	frei	1,4 g
Kohlrübe	41	173	0,2 g	0 mg	10 mg	200 g	2,7 g
Kohlsprossen	36	151	0,3 g	0 mg	7 mg	200 g	3,0 g
Kopfsalat	11	46	0,2 g	0 mg	10 mg	frei	1,5 g

* = keine Angaben vorhanden

NÄHRWERTE PRO 100 GRAMM NAHRUNGSMITTEL

	kcal	kJ	Fett	Chol.	Na	1 BE	Ballaststoffe
Kren	60	255	0,3 g	0 mg	9 mg	200 g	3,6 g
Kürbis	18	78	0,1 g	0 mg	1 mg	frei	0,5 g
Lauch	25	107	0,3 g	0 mg	5 mg	frei	2,0 g
Mangold	26	110	0,3 g	0 mg	90 mg	frei	2,0 g
Meerrettich	60	255	0,3 g	0 mg	9 mg	200 g	3,6 g
Melanzani	20	86	0,2 g	0 mg	4 mg	frei	1,4 g
Möhren	26	112	0,2 g	0 mg	60 mg	200 g	3,4 g
Paprikaschoten, roh	20	83	0,3 g	0 mg	2 mg	frei	2,0 g
Petersiliengrün	50	214	0,4 g	0 mg	35 mg	frei	4,3 g
Petersilienwurzel	32	135	0,5 g	0 mg	0 mg	200 g	4,0 g
Porree	25	107	0,3 g	0 mg	5 mg	frei	2,0 g
Radieschen	14	60	0,1 g	0 mg	17 mg	frei	1,0 g
Rapunzel	14	58	0,4 g	0 mg	4 mg	frei	1,5 g
Rettich	10	43	0,2 g	0 mg	18 mg	frei	1,2 g
Rhabarber	9	41	0,1 g	0 mg	2 mg	frei	3,2 g
Rosenkohl	36	151	0,3 g	0 mg	7 mg	200 g	3,0 g
Rote Bete/Rübe	42	177	0,1 g	0 mg	60 mg	200 g	2,5 g
Rotkohl/-kraut	21	88	0,2 g	0 mg	4 mg	frei	2,5 g
Sauerkraut, abgetropft	14	58	0,3 g	0 mg	355 mg	frei	2,2 g
Schnittbohnen	33	137	0,2 g	0 mg	2 mg	200 g	3,0 g
Schnittlauch	64	270	0,7 g	0 mg	3 mg	frei	6,0 g
Schwarzwurzeln, roh	14	58	0,4 g	0 mg	5 mg	70 g	8,0 g
Sojakeimlinge	56	236	1,2 g	0 mg	0 mg	frei	2,2 g
Spargel	14	58	0,1 g	0 mg	4 mg	frei	1,5 g
Spinat	15	65	0,3 g	0 mg	65 mg	frei	2,3 g
Steckrübe	41	173	0,2 g	0 mg	10 mg	200 g	2,7 g
Süßkartoffel	96	407	0,6 g	0 mg	0 mg	60 g	*
Tomaten	17	73	0,2 g	0 mg	6 mg	frei	1,8 g
Vogerlsalat	14	58	0,4 g	0 mg	4 mg	frei	1,5 g
Wasserrübe/weiße Rübe	19	82	0,2 g	0 mg	60 mg	frei	3,0 g
Weißkohl/-kraut	22	94	0,2 g	0 mg	13 mg	frei	2,5 g
Wirsingkohl	32	134	0,4 g	0 mg	9 mg	frei	2,0 g
Zucchini	19	80	0,4 g	0 mg	0 mg	frei	1,1 g
Zuckermais, Speisemais	90	381	16,4 g	0 mg	7 mg	60 g	4,0 g
Zwiebel	32	136	0,3 g	0 mg	9 mg	200 g	3,1 g
OBST							
Acerolakirschen	23	96	0,2 g	0 mg	5 mg	250 g	3,3 g
Ananas	56	236	0,2 g	0 mg	2 mg	90 g	1,5 g
Apfel	50	211	0,4 g	0 mg	3 mg	100 g	2,1 g
Apfelsine mit Schale	43	182	0,2 g	0 mg	1 mg	130 g	2,0 g
Aprikose mit Stein	43	182	0,1 g	0 mg	2 mg	130 g	2,0 g
Avocado	227	958	23,5 g	0 mg	3 mg	frei	3,3 g
Bambussprossen	34	144	0,3 g	0 mg	0 mg	frei	*
Banane mit Schale	90	383	0,2 g	1,7 mg	0 mg	80 g	3,0 g
Birne	44	189	0,3 g	0 mg	2 mg	100 g	3,0 g
Blaubeeren	85	360	0,6 g	0 mg	0 mg	90 g	4,9 g
Brombeeren	44	186	1,0 g	0 mg	3 mg	140 g	3,5 g
Datteln	272	1155	0,5 g	0 mg	35 mg	20 g	9,0 g

* = keine Angaben vorhanden

NÄHRWERTE PRO 100 GRAMM NAHRUNGSMITTEL							
	kcal	kJ	Fett	Chol.	Na	1 BE	Ballaststoffe
Dörrpflaumen/-zwetschken	236	988	0,6 g	0 mg	8 mg	20 g	9,0 g
Eibischfrüchte	19	81	0,2 g	0 mg	0 mg	frei	*
Erdbeeren	31	132	0,4 g	0 mg	3 mg	160 g	2,0 g
Feigen, getrocknet	243	1018	1,3 g	0 mg	37 mg	20 g	10,0 g
Feigen, roh	62	262	0,5 g	0 mg	2 mg	70 g	3,0 g
Grapefruit mit Schale	38	164	0,2 g	0 mg	2 mg	150 g	1,0 g
Guave, Dosenware	65	273	0,5 g	0 mg	7 mg	80 g	*
Heidelbeeren	85	360	0,6 g	0 mg	0 mg	90 g	4,9 g
Himbeeren	29	125	0,3 g	0 mg	0,5 mg	130 g	4,5 g
Johannisbeeren, rot	36	154	0,2 g	0 mg	1 mg	120 g	3,5 g
Johannisbeeren, schwarz	45	191	0,2 g	0 mg	2 mg	100 g	6,8 g
Kakifrucht	69	294	0,3 g	0 mg	4 mg	70 g	*
Kirschen, sauer, mit Stein	48	206	0,5 g	0 mg	2 mg	100 g	1,1 g
Kirschen, süß, mit Stein	57	243	0,4 g	0 mg	3 mg	90 g	2,0 g
Kiwifrucht	46	195	0,6 g	0 mg	4 mg	130 g	2,2 g
Limone	31	132	2,4 g	0 mg	0 mg	frei	0,3 g
Lychees	74	316	0,3 g	0 mg	3 mg	130 g	*
Mandarine, mit Schale	46	195	0,3 g	0,8 mg	0 mg	150 g	2,0 g
Mango	56	239	0,3 g	0 mg	5 mg	120 g	1,7 g
Marille, mit Stein	43	182	0,1 g	0 mg	2 mg	130 g	2,0 g
Mirabelle	63	269	0,2 g	0 mg	0,4 mg	140 g	*
Okraschoten	19	81	0,2 g	0 mg	0 mg	frei	*
Oliven, grün, mariniert	147	622	13,9 g	0 mg	2250 mg	300 g	4,0 g
Orange, mit Schale	43	182	0,2 g	0 mg	1 mg	130 g	2,0 g
Papaya	37	152	0,1 g	0 mg	3 mg	140 g	1,1 g
Pfirsich, mit Stein	39	164	0,1 g	0 mg	1 mg	140 g	1,4 g
Pfirsich, getrocknet	278	1161	0,7 g	0 mg	13 mg	20 g	23,0 g
Pflaume, mit Stein	51	216	0,2 g	0 mg	2 mg	90 g	1,7 g
Preiselbeeren	26	11	0,5 g	0 mg	2 mg	120 g	2,5 g
Reineclaude	56	239	0 g	0 mg	0 mg	100 g	3,0 g
Ribisel, rot	36	154	0,2 g	0 mg	1 mg	120 g	3,5 g
Ribisel, schwarz	45	191	0,2 g	0 mg	2 mg	100 g	6,8 g
Ringlotte	56	239	0 g	0 mg	0 mg	100 g	3,0 g
Rosinen	281	1174	0,6 g	0 mg	21 mg	20 g	5,4 g
Stachelbeeren	45	193	0,2 g	0 mg	2 mg	140 g	3,0 g
Sultaninen, ganze Frucht	266	1113	0,0 g	0 mg	53 mg	20 g	5,4 g
Wasserkastanien	79	334	0,3 g	0 mg	0 mg	60 g	*
Wassermelone	35	149	0,2 g	0 mg	1 mg	100 g	0,2 g
Weintrauben	67	286	0,3 g	0 mg	2 mg	70 g	1,6 g
Zitrone	36	153	0,6 g	0 mg	3 mg	400 g	0,3 g
Zuckermelone	54	231	0,1 g	0 mg	20 mg	240 g	1,0 g
Zwetschke, mit Stein	51	216	0,2 g	0 mg	2 mg	90 g	1,7 g
FRUCHTSÄFTE							
Apfelsaft	47	200	0 g	0 mg	2 mg	100 ml	0 g
Apfelsinensaft, ungesüßt	44	188	0,2 g	0 mg	1 mg	110 ml	0 g
Grapefruitsaft, ungesüßt	47	200	0,1 g	0 mg	1 mg	130 ml	0 g
Orangensaft, ungesüßt	44	188	0,2 g	0 mg	1 mg	110 ml	0 g

* = keine Angaben vorhanden

	kcal	kJ	Fett	Chol.	Na	1 BE	Ballaststoffe
SAMEN UND NÜSSE							
Cashewnüsse	572	2420	42,2 g	0 mg	14 mg	40 g	2,9 g
Erdnüsse, mit Schale	571	2416	48,1 g	0 mg	5 mg	85 g	7,1 g
Eßkastanien	194	822	1,9 g	0 mg	2 mg	25 g	1,0 g
Haselnüsse	648	2739	61,6 g	0 mg	2 mg	90 g	7,4 g
Kokosnuß	363	1535	36,5 g	0 mg	35 mg	110 g	8,0 g
Mandeln, süß	598	2528	54,1 g	0 mg	5–40 mg	60 g	10,0 g
Maroni	194	822	1,9 g	0 mg	2 mg	25 g	1,0 g
Paranüsse	666	2816	66,8 g	0 mg	2 mg	110 g	7,0 g
Walnüsse	669	2826	62,5 g	0 mg	2 mg	100 g	4,6 g
MILCH UND MILCHPRODUKTE							
Buttermilch	35	147	0,5 g	4 mg	55 mg	300 g	0 g
Joghurt, 3,6% F. i. T.	69	291	3,8 g	12 mg	50 mg	250 g	0 g
Joghurt, mager	36	155	0,1 g	0 mg	55 mg	250 g	0 g
Kaffeesahne/-obers, 10% F. i. T.	123	521	10,5 g	35 mg	40 mg	250 g	0 g
Kondensmilch, 7,5% F. i. T.	132	560	7,6 g	25 mg	100 mg	120 g	0 g
Magermilch	35	147	0,1 g	3 mg	55 mg	250 g	0 g
Milch, ca. 1,5% F. i. T.	47	199	1,6 g	5 mg	45 mg	250 g	0 g
Molke, süß	24	101	0,2 g	0 mg	45 mg	250 g	0 g
Molkepulver	343	1456	1,2 g	0 mg	1290 mg	20 g	0 g
Obers, Schlagobers, 30% F. i. T.	308	1302	31,7 g	110 mg	35 mg	300 g	0 g
Sahne, Schlagsahne, 30% F. i. T.	308	1302	31,7 g	110 mg	35 mg	300 g	0 g
Saure Sahne/Sauerrahm	189	801	18,0 g	60 mg	55 mg	300 g	0 g
Schafmilch	97	409	6,3 g	0 mg	30 mg	250 g	0 g
Trockenmagermilchpulver	354	1503	1,0 g	3 mg	555 mg	20 g	0 g
Trockenvollmilchpulver	481	2045	26,2 g	95 mg	370 mg	20 g	0 g
Vollmilch, 3,6% F. i. T.	66	280	3,8 g	12 mg	50 mg	250 g	0 g
Ziegenmilch	67	284	3,9 g	11 mg	40 mg	300 g	0 g
KÄSE							
Bel Paese	374	1579	30,2 g	*	*	frei	0 g
Brie, Rahmbrie, 50% F. i. T.	342	1444	27,9 g	90 mg	1170 mg	frei	0 g
Butterkäse, 50% F. i. T.	344	1453	28,8 g	98 mg	860 mg	frei	0 g
Camembert, 30% F. i. T.	216	913	13,5 g	40 mg	900 mg	frei	0 g
Camembert, 45% F. i. T.	285	1204	22,3 g	71 mg	970 mg	frei	0 g
Camembert, 60% F. i. T.	378	1595	34,0 g	95 mg	945 mg	frei	0 g
Chester, 50% F. i. T.	397	1678	32,2 g	100 mg	675 mg	frei	0 g
Edamer, 35% F. i. T.	291	1218	19,0 g	65 mg	800 mg	frei	0 g
Edamer, 40% F. i. T.	315	1333	23,4 g	70 mg	900 mg	frei	0 g
Edamer, 45% F. i. T.	354	1497	28,3 g	95 mg	654 mg	frei	0 g
Edelpilzkäse, 50% F. i. T.	355	1493	29,8 g	90 mg	1450 mg	frei	0 g
Emmentaler, 45% F. i. T.	383	1622	29,7 g	90 mg	450 mg	frei	0 g
Frischkäse, Doppelrahmfrischkäse, 60% F. i. T.	330	1395	31,5 g	105 mg	375 mg	frei	0 g
Frischkäse, Rahmfrischkäse, 50% F. i. T.	270	1143	23,6 g	75 mg	390 mg	frei	0 g

* = keine Angaben vorhanden

NÄHRWERTE PRO 100 GRAMM NAHRUNGSMITTEL

	kcal	kJ	Fett	Chol.	Na	1 BE	Ballaststoffe
Gouda, 45% F. i. T.	365	1543	29,2 g	90 mg	870 mg	frei	0 g
Gruyère	410	1734	32,3 g	0 mg	335 mg	frei	0 g
Hüttenkäse	102	433	4,3 g	0 mg	230 mg	frei	0 g
Limburger, 20% F. i. T.	183	776	8,6 g	30 mg	1280 mg	frei	0 g
Mozzarella	225	950	16,1 g	0 mg	0 mg	frei	0 g
Münster, 45% F. i. T.	290	1217	22,6 g	70 mg	1020 mg	frei	0 g
Münster, 50% F. i. T.	320	1355	26,3 g	85 mg	900 mg	frei	0 g
Parmesan	375	1586	25,8 g	70 mg	705 mg	frei	0 g
Quark, 20% F. i. T.	106	451	5,1 g	17 mg	35 mg	frei	0 g
Quark, 40% F. i. T.	157	665	11,4 g	37 mg	34 mg	frei	0 g
Quark, mager	68	291	0,3 g	1 mg	40 mg	frei	0 g
Romadur, 20% F. i. T.	195	816	9,0 g	30 mg	*	frei	0 g
Romadur, 35% F. i. T.	218	924	13,7 g	0 mg	1230 mg	frei	0 g
Roquefort	361	1528	30,6 g	112 mg	1810 mg	frei	0 g
Sauermilchkäse, 10% F. i. T.	127	541	0,7 g	3,4 mg	1520 mg	frei	0 g
Schichtkäse, 20% F. i. T.	110	462	5,0 g	0 mg	35 mg	frei	0 g
Schmelzkäse, 45% F. i. T.	270	1142	23,6 g	82 mg	1260 mg	frei	0 g
Schmelzkäse, 60% F. i. T.	326	1380	30,0 g	102 mg	0 mg	frei	0 g
Tilsiter, 35% F. i. T.	297	1243	17,0 g	58 mg	1000 mg	frei	0 g
Tilsiter, 45% F. i. T.	355	1500	27,7 g	0 mg	775 mg	frei	0 g
Topfen, 20% F. i. T.	106	451	5,1 g	17 mg	35 mg	frei	0 g
Topfen, 40% F. i. T.	157	665	11,4 g	37 mg	34 mg	frei	0 g
Topfen, mager	68	291	0,3 g	1 mg	40 mg	frei	0 g
HÜHNEREI							
Gesamtei	155	657	11,2 g	580 mg	145 mg	frei	0 g
1 Ei (58 g)	84	351	6,2 g	314 mg	54 mg	frei	0 g
FETTE UND ÖLE							
Butter (Süß- und Sauerrahmbutter)	752	3174	83,2 g	240 mg	5 mg	frei	0 g
Diätmargarine	722	3047	80,0 g	0 mg	40 mg	frei	0 g
Distelöl	899	3762	99,9 g	0 mg	0 mg	frei	0 g
Erdnußöl	897	3754	99,7 g	1 mg	0 mg	frei	0 g
Halbfettmargarine	368	1554	40,0 g	4 mg	390 mg	frei	0 g
Kokosfett	894	3741	99,0 g	1 mg	2 mg	frei	0 g
Maiskeimöl	899	3762	99,9 g	2 mg	1 mg	frei	0 g
Mayonnaise, 50% Fett	490	2050	52,0 g	52 mg	*	frei	0 g
Mayonnaise, 80% Fett	727	3040	78,9 g	142 mg	702 mg	frei	0 g
Milchmargarine	722	3047	80,0 g	115 mg	100 mg	frei	0 g
Olivenöl	897	3754	99,6 g	1 mg	1 mg	frei	0 g
Pflanzenmargarine	722	3047	80,0 g	7 mg	100 mg	frei	0 g
Schweineschmalz	898	3756	99,1 g	85 mg	1 mg	frei	0 g
Sojaöl	899	3762	99,9 g	1 mg	0 mg	frei	0 g
Sonnenblumenöl	898	3758	99,8 g	5 mg	0 mg	frei	0 g

* = keine Angaben vorhanden

	kcal	kJ	Fett	Chol.	Na	1 BE	Ballaststoffe
FISCHE, FISCHERZEUGNISSE, MEERESFRÜCHTE							
Seefische							
Aal	281	1186	24,5 g	140 mg	65 mg	frei	0 g
Anglerfisch	66	280	0,7 g	*	*	frei	0 g
Barsch	81	343	0,8 g	70 mg	45 mg	frei	0 g
Dorsch	316	74	0,4 g	50 mg	70 mg	frei	0 g
Flunder	72	307	0,7 g	50 mg	90 mg	frei	0 g
Flußbarsch	81	343	0,8 g	70 mg	45 mg	frei	0 g
Goldbarsch	105	446	3,6 g	38 mg	80 mg	frei	0 g
Hechtdorsch	77	327	0,9 g	60 mg	100 mg	frei	0 g
Heilbutt	101	429	2,3 g	50 mg	65 mg	frei	0 g
Hering	207	876	14,9 g	85 mg	115 mg	frei	0 g
Kabeljau	316	74	0,4 g	50 mg	70 mg	frei	0 g
Katfisch	88	375	2,8 g	*	105 mg	frei	0 g
Köhler	80	342	0,8 g	33 mg	80 mg	frei	0 g
Makrelenfilet	182	770	11,9 g	70 mg	95 mg	frei	0 g
Meeräsche	120	510	4,3 g	*	70 mg	frei	0 g
Ostseehering	155	657	9,2 g	45 mg	75 mg	frei	0 g
Rotbarsch	105	446	3,6 g	38 mg	80 mg	frei	0 g
Rotzunge	72	306	1,1 g	*	*	frei	0 g
Sardelle	101	429	2,3 g	*	*	frei	0 g
Sardine	124	527	5,2 g	60 mg	100 mg	frei	0 g
Schellfisch	73	308	0,1 g	60 mg	115 mg	frei	0 g
Scholle	76	321	0,8 g	55 mg	105 mg	frei	0 g
Schwertfisch	117	497	4,4 g	*	*	frei	0 g
Seehecht	77	327	0,9 g	60 mg	100 mg	frei	0 g
Seelachs	80	342	0,8 g	33 mg	80 mg	frei	0 g
Seeteufel	66	280	0,7 g	*	*	frei	0 g
Seezunge	83	351	1,4 g	32 mg	100 mg	frei	0 g
Sprotte	216	915	16,6 g	*	*	frei	0 g
Steinbeißer	88	375	2,8 g	*	105 mg	frei	0 g
Steinbutt	82	349	1,7 g	*	*	frei	0 g
Thunfisch	226	955	15,5 g	*	45 mg	frei	0 g
Fischdauerwaren							
Aal, geräuchert	329	1391	28,6 g	70 mg	500 mg	frei	0 g
Bismarckhering	210	889	16,0 g	70 mg	1030 mg	frei	0 g
Brathering	204	863	15,2 g	85 mg	570 mg	frei	0 g
Hering, mariniert	210	889	16,0 g	70 mg	1030 mg	frei	0 g
Heringsmilch	109	462	2,8 g	*	*	frei	0 g
Heringsrogen	132	560	3,1 g	*	*	frei	0 g
Makrele, geräuchert	222	930	15,5 g	22 mg	261 mg	frei	0 g
Ölsardine	222	938	13,9 g	140 mg	505 mg	frei	0 g
Salzhering	218	922	15,4 g	70 mg	5930 mg	frei	0 g
Süßwasserfische							
Blaufelchen	100	424	3,2 g	*	*	frei	0 g
Brachse	116	491	5,5 g	*	23 mg	frei	0 g
Forelle	102	434	2,7 g	55 mg	40 mg	frei	0 g

* = keine Angaben vorhanden

NÄHRWERTE PRO 100 GRAMM NAHRUNGSMITTEL

	kcal	kJ	Fett	Chol.	Na	1 BE	Ballaststoffe
Hecht	82	347	0,9 g	63 mg	65 mg	frei	0 g
Karpfen	115	488	4,8 g	46 mg	45 mg	frei	0 g
Lachs	202	855	13,6 g	35 mg	50 mg	frei	0 g
Renke	100	424	3,2 g	*	*	frei	0 g
Schleie	77	328	0,7 g	*	80 mg	frei	0 g
Waller/Wels	163	690	11,3 g	*	*	frei	0 g
Zander	83	353	0,7 g	*	81 mg	frei	0 g
Sonstige Meerestiere							
Auster	51	217	1,2 g	50 mg	70–5000 mg	frei	0 g
Flußkrebs	65	274	0,5 g	*	255 mg	frei	0 g
Garnele	87	369	1,4 g	140 mg	145 mg	frei	0 g
Hummer	81	343	1,9 g	180 mg	270 mg	frei	0 g
Krabben	87	369	1,4 g	140 mg	145 mg	frei	0 g
Krebs	65	274	0,5 g	*	255 mg	frei	0 g
Languste	79	335	1,1 g	0 mg	180 mg	frei	0 g
Miesmuschel	51	216	1,3 g	110–185 mg	*	frei	0 g
Sandauster/Steckmuschel	54	228	1,3 g	65 mg	120 mg	frei	0 g
Tintenfisch	73	308	0,9 g	*	*	frei	0 g
FLEISCH, WILD UND GEFLÜGEL							
Hammelfleisch							
Brust	381	1610	37,0 g	70 mg	95 mg	frei	0 g
Filet	112	476	3,4 g	70 mg	95 mg	frei	0 g
Keule	234	990	18,0 g	70 mg	78 mg	frei	0 g
Kotelett	348	1469	32,0 g	70 mg	90 mg	frei	0 g
Lende	194	820	13,2 g	65 mg	75 mg	frei	0 g
Schlögel	234	990	18,0 g	70 mg	78 mg	frei	0 g
Kalbfleisch							
Bauch	131	556	6,3 g	90 mg	0 mg	frei	0 g
Brust	131	555	6,3 g	90 mg	105 mg	frei	0 g
Bug	108	459	2,9 g	90 mg	*	frei	0 g
Filet	95	405	1,4 g	90 mg	96 mg	frei	0 g
Hals	103	437	2,5 g	90 mg	0 mg	frei	0 g
Haxe	98	415	1,6 g	90 mg	115 mg	frei	0 g
Keule	97	414	1,6 g	90 mg	86 mg	frei	0 g
Kotelett	112	477	3,1 g	70 mg	95 mg	frei	0 g
Reines Muskelfleisch	92	392	0,8 g	70 mg	95 mg	frei	0 g
Schlögel	97	414	1,6 g	90 mg	86 mg	frei	0 g
Schulter	108	459	2,9 g	90 mg	*	frei	0 g
Stelze	98	415	1,6 g	90 mg	115 mg	frei	0 g
Rindfleisch							
Blume	139	589	6,2 g	70 mg	*	frei	0 g
Brust	254	1074	21,1 g	70 mg	*	frei	0 g
Entrecôte	227	962	17,0 g	70 mg	*	frei	0 g
Fehlrippe	227	962	17,0 g	70 mg	*	frei	0 g
Filet	116	494	4,4 g	70 mg	50 mg	frei	0 g

* = keine Angaben vorhanden

NÄHRWERTE PRO 100 GRAMM NAHRUNGSMITTEL

	kcal	kJ	Fett	Chol.	Na	1 BE	Ballaststoffe
Hochrippe	223	943	16,5 g	70 mg	95 mg	frei	0 g
Kavalierspitz	139	589	6,2 g	70 mg	*	frei	0 g
Keule	148	627	7,1 g	70 mg	80 mg	frei	0 g
Lende	174	738	10,2 g	70 mg	74 mg	frei	0 g
Oberschale	121	514	4,3 g	70 mg	*	frei	0 g
Reines Muskelfleisch	106	452	1,7 g	70 mg	50 mg	frei	0 g
Rostbraten	223	943	16,5 g	70 mg	95 mg	frei	0 g
Scherzel, schwarz	121	514	4,3 g	70 mg	*	frei	0 g
Scherzel, weiß	184	779	11,5 g	70 mg	*	frei	0 g
Schlögel	148	627	7,1 g	70 mg	80 mg	frei	0 g
Zunge	207	876	15,9 g	108 mg	100 mg	frei	0 g
Schweinefleisch							
Bauch, Bauchfleisch	385	1625	36,5 g	70 mg	59 mg	frei	0 g
Bug	271	1321	22,5 g	70 mg	74 mg	frei	0 g
Filet	184	780	11,9 g	60 mg	74 mg	frei	0 g
Haxe	315	1315	25,0 g	70 mg	74 mg	frei	0 g
Keule	284	1202	24,2 g	70 mg	70 mg	frei	0 g
Kotelett	193	817	13,0 g	70 mg	65 mg	frei	0 g
Reines Muskelfleisch	111	469	3,0 g	70 mg	55 mg	frei	0 g
Schlögel	284	1202	24,2 g	70 mg	70 mg	frei	0 g
Schulter	271	1321	22,5 g	70 mg	74 mg	frei	0 g
Stelze	315	1315	25,0 g	70 mg	74 mg	frei	0 g
Vorderschinken	282	1192	23,9 g	70 mg	75 mg	frei	0 g
Innereien							
Herz	100	424	3,6 g	150 mg	80 mg	frei	0 g
Hirn	123	522	9,0 g	2000 mg	155 mg	frei	0 g
Leber	134	567	5,7 g	340 mg	75 mg	frei	0 g
Lunge	114	484	6,7 g	370 mg	150 mg	frei	0 g
Niere	113	478	5,2 g	350 mg	175 mg	frei	0 g
Zunge	225	952	18,3 g	140 mg	93 mg	frei	0 g
Wild, Geflügel							
Ente	227	961	17,2 g	75 mg	80–200 mg	frei	0 g
Hase	113	481	3,0 g	65 mg	50 mg	frei	0 g
Hirsch	112	476	3,3 g	110 mg	60 mg	frei	0 g
Huhn							
Brathuhn	133	563	5,6 g	75 mg	85 mg	frei	0 g
Brust	99	422	0,9 g	75 mg	65 mg	frei	0 g
Keule	110	468	3,1 g	75 mg	95 mg	frei	0 g
Leber	131	554	4,7 g	555 mg	70 mg	frei	0 g
Suppenhuhn	257	1086	20,3 g	75 mg	0 mg	frei	0 g
Truthahn							
Ausgewachsenes Tier	216	913	15,0 g	75 mg	65 mg	frei	0 g
Brust	105	445	1,0 g	60 mg	45 mg	frei	0 g
Jungtier	151	639	6,8 g	75 mg	65 mg	frei	0 g
Keule	115	485	3,6 g	75 mg	85 mg	frei	0 g

* = keine Angaben vorhanden

NÄHRWERTE PRO 100 GRAMM NAHRUNGSMITTEL

	kcal	kJ	Fett	Chol.	Na	1 BE	Ballaststoffe
Kaninchenfleisch							
Durchschnitt	152	642	7,6 g	110 mg	45 mg	frei	0 g
Pferdefleisch							
Durchschnitt	107	453	2,7 g	70 mg	45 mg	frei	0 g
Ziegenfleisch							
Durchschnitt	149	632	7,9 g	70 mg	0 mg	frei	0 g
FLEISCH- UND WURSTWAREN							
Bierschinken	235	993	19,2 g	85 mg	753 mg	frei	0 g
Blutwurst	400	1689	38,5 g	75 mg	680 mg	130 g	0 g
Bockwurst	277	1171	25,3 g	100 mg	700 mg	frei	0 g
Bratwurst, vom Kalb	270	1142	25,0 g	100 mg	520 mg	frei	0 g
Bratwurst, vom Schwein	287	1447	32,4 g	100 mg	520 mg	frei	0 g
Corned beef, amerikanisch	209	886	12,0 g	*	950 mg	frei	0 g
Corned beef, deutsch	141	597	6,0 g	70 mg	835 mg	frei	0 g
Dosenwürstchen	228	966	19,6 g	100 mg	710 mg	frei	0 g
Fleischwurst	297	1254	13,2 g	85 mg	829 mg	frei	0 g
Frankfurter Würstl	269	1136	24,4 g	65 mg	780 mg	frei	0 g
Göttinger	373	1577	35,0 g	*	*	frei	0 g
Jagdwurst	345	1457	32,8 g	85 mg	818 mg	frei	0 g
Kalbsbratwurst	270	1142	25,0 g	100 mg	520 mg	frei	0 g
Kasseler	237	1001	17,0 g	*	950 mg	frei	0 g
Leberkäse	320	1351	30,4 g	60 mg	*	frei	0 g
Leberpastete	314	1328	28,6 g	148 mg	740 mg	frei	0 g
Leberstreichwurst	420	1776	41,2 g	85 mg	810 mg	frei	0 g
Lyoner Wurst	310	1309	28,8 g	85 mg	*	frei	0 g
Mettwurst	456	1924	45,0 g	85 mg	1090 mg	frei	0 g
Mortadella	345	1457	32,8 g	85 mg	668 mg	frei	0 g
Salami, deutsch	519	2191	49,7 g	85 mg	1260 mg	frei	0 g
Schweinsschinken, gekocht	201	850	12,8 g	85 mg	960 mg	frei	0 g
Schweinsbratwurst	287	1447	32,4 g	100 mg	520 mg	frei	0 g
Selchfleisch	372	1571	33,3 g	110 mg	1400 mg	frei	0 g
Speck, durchwachsen	621	2625	65,0 g	62 mg	1770 mg	frei	0 g
Weißwürste	287	1215	27,0 g	100 mg	620 mg	frei	0 g
Wiener Würstchen	269	1136	24,4 g	65 mg	780 mg	frei	0 g
Zervelatwurst	456	1929	43,2 g	85 mg	1260 mg	frei	0 g
ZUCKER UND ZUCKERWAREN							
Bitterschokolade, mindestens 40% Kakaoanteil	479	2029	30,0 g	0 mg	19 mg	25 g	0 g
Eiscreme	205	868	17,0 g	0 mg	*	80 g	0 g
Fondant	352	1496	*	*	*	15 g	0 g
Fruchteis	160	669	8,0 g	0 mg	*	60 g	0 g
Honig	303	1289	0,0 g	0 mg	7 mg	15 g	0 g
Kakaopulver, schwach entölt	343	1451	24,5 g	0 mg	17 mg	110 g	0 g
Kunsthonig	331	1406	0,0 g	0 mg	19 mg	15 g	0 g

* = keine Angaben vorhanden

	kcal	kJ	Fett	Chol.	Na	1 BE	Ballaststoffe
Marzipan	452	1915	25,0 g	0 mg	50 mg	25 g	0 g
Milchschokolade	527	2235	31,5 g	0 mg	60 mg	25 g	0 g
Zucker (Rohr- und Rübenzucker)	399	1697	0,0 g	0 mg	0 mg	12 g	0 g
ALKOHOLISCHE GETRÄNKE							
Nährbier	53	224	0,0 g	0 mg	1 mg	300 ml	0 g
Rotwein, trocken	65	278	0,0 g	0 mg	3 mg	frei	0 g
Schaumwein/Sekt	83	349	0,0 g	0 mg	3 mg	300 ml	0 g
Vollbier, dunkel	46	197	3,0 g	0 mg	3 mg	250 ml	0 g
Vollbier, hell	44	190	0,0 g	0 mg	5 mg	300 ml	0 g
Weißbier	45	190	0,0 g	0 mg	4 mg	300 ml	0 g
Weißwein, trocken	69	296	0,0 g	0 mg	2 mg	frei	0 g

* = keine Angaben vorhanden

REZEPTVERZEICHNIS

Zum Frühstück

Kleine Gerichte

Suppen

Hauptspeisen mit Fisch

Hauptspeisen mit Fleisch

Hauptspeisen ohne Fleisch und Fisch

Beilagen

Salatdressings

Salat und Gemüse

Desserts und Kuchen

Konfitüren

LITERATURVERZEICHNIS

Elmadfa, J., u. a.: Die große Gräfe-und-Unzer-Nährwert-Tabelle 1988/89. München: Gräfe und Unzer.

Gergely, Stefan: Diät – aber wie? München: Piper 1984.

Haidinger, Gerald; Radek, Johannes; Grillmayr, Helga: Diabetiker-ABC, 2. überarbeitete Auflage. Wien: Orac 1989.

Howorka, Kinga: Insulinabhängig? Funktioneller Insulingebrauch: Der Weg zur Freiheit mit nahezu normalem Blutzucker. Mainz: Kirchheim 1987.

Irsigler, Karl: Diät 2000. Wien: Jugend & Volk 1989.

Kacerovsky, Gertrude: Grundlagen und Anwendung der Diät bei Diabetes mellitus. 2 Broschüren, erhältlich bei der Wiener Gebietskrankenkasse, 1010 Wien, Wienerbergstraße 15–19.

Karmasin, Helene: Der kulinarische Code. Dissertation Universität Wien 1990.

Kleinspehn, Thomas: Warum sind wir so unersättlich? Frankfurt: Suhrkamp 1987.

Kunze, Michael; Exel, Wolfgang; Schoberberger, Rudolf: Schlank ohne Diät. Wien: Orac 1985.

Ludwig, Bernhard: Anleitung zum Dickwerden. München: Heyne 1990.

Mehnert Hellmut; Standl, Eberhard: Das Handbuch für Diabetiker. Stuttgart: Trias 1987.

Menell, Stephen: Die Kultivierung des Appetits. Frankfurt: Athenäum 1988.

Österreichische Diabetesgesellschaft – Arbeitsgemeinschaft Diabetikerschulung (Hrsg.): Diabetiker-Schulungsskriptum für Typ-I- und Typ-II-Diabetiker.

Toeller, Monika: Neue europäische Empfehlungen für die Ernährung bei Diabetes mellitus – Statement der Diabetes and Nutrition Study Group of the European Association for the Study of Diabetes 1988. In: Ernährungs-Umschau 36, Heft 3, 1989.

Wanger, Christian: Bewußte Ernährung – leicht gemacht. Freiburg: Herder 1990.

Wanschura, Werner: Diabetesrevolution. Freiburg: Herder 1990.

Die Zitate auf den Seiten 38 und 39 stammen aus dem Roman „Radetzkymarsch" von Joseph Roth. Kiepenheuer & Witsch 1978. Copyright © Allert de Lange, Amsterdam.

INHALT